Lenore Volz

Talar nicht vorgesehen

Lenore Volz

Talar nicht vorgesehen

Pfarrerin der ersten Stunde

Quell

ISBN 3-7918-1940-2

1. Auflage 1994
Einbandgestaltung: Klaus Dempel, Stuttgart
Einbandbild: Oskar Schlemmer, Frauengruppe.
Folkwanggruppe II (1928)
(Graphische Sammlung Staatsgalerie Stuttgart)
Bildrechte: Oskar Schlemmer Familien-Nachlaß, Badenweiler
Gesamtherstellung: Maisch & Queck, Gerlingen

Inhalt

Ein Ausflug in die Vergangenheit: Die Dekanatsstadt auf der Schwäbischen Alb

Es war an einem schönen Herbsttag. Über Stuttgart lag noch Hochnebel, aber je höher ich auf meiner Fahrt über die Schwäbische Alb kam, desto mehr lichteten sich die Wolken und gaben den Sonnenstrahlen Raum. Die Laubwälder um Seeburg standen in einem dunklen, satten Grün. An einigen Stellen lag über den Blättern ein gelber Hauch, einzelne waren schon rostbraun gefärbt und ließen ahnen, daß der Herbst mit seiner goldenen Farbenpracht bald einziehen werde.

Immer höher hinauf ging die Fahrt bis zur Hochebene der Dekanatsstadt. Dort hatte vor über fünf Jahrzehnten mein Berufsweg seinen Anfang genommen, nachdem ich in Tübingen die Erste theologische Dienstprüfung abgelegt hatte. Hier wollte ich ein wenig rasten auf meiner Fahrt an den Bodensee und meinen Erinnerungen nachgehen.

Ich stand vor dem Dekanat an der Durchfahrtsstraße, durch die der Verkehr flutete. Rechts von der Haustür ist im Erdgeschoß das Fenster, hinter dem sich das nach Norden gelegene Zimmer befindet, das mir, der theologischen Praktikantin, zugewiesen war.

In dem Zimmer stand damals ein gußeiserner Ofen. Aber nur am Samstagnachmittag und am Sonntag erhielt ich einen Korb mit Holz, auf dem einige Briketts lagen. Wenn ich meinen Stuhl direkt neben den Ofen rückte, wurde ich warm. Aber es war Krieg, man mußte auch mit der Heizung sparen. Auf dem Waschtisch standen ein Waschbecken und ein Krug aus Steingut. Dieser Winter 1939/1940 wurde so kalt, daß ich oft nicht wagte, abends Wasser in den Krug zu füllen – die Eisblumen an den Fenstern warnten mich. Dann benutzte ich morgens das Wasser aus der Bettflasche.

Tagsüber saß ich in der Registratur, deren Tür zum Studierzimmer des Dekans geöffnet war, weil der Ofen, der dort stand, auch die Registratur wärmen sollte. Meine Hauptaufgabe war, »Arier zu machen«. Jeder Deutsche mußte im Dritten Reich nachweisen, daß seine Vorfahren, einschließlich der Großeltern, keine Juden waren. So kamen die Anfragen an die Dekanatämter. Ich mußte in den Kirchenbüchern nachsehen, ob die Eltern und Großeltern getauft waren, und mit der Schreibmaschine einen Kirchenbuchauszug anfertigen. Daneben hatte ich einige alte oder kranke Frauen in der Gemeinde zu besuchen, auch einige Patientinnen der Tuberkulosestation im Krankenhaus. Die Schwestern brachten mir bei, wie ich nach den Besuchen meine Hände desinfizieren sollte. Wöchentlich zwei Stunden Konfirmandenunterricht für Mädchen gehörten auch zu meinen Aufgaben. Da kam ich mir etwas hilflos vor, obwohl ich die beiden katechetischen Seminare (Unter- und Oberkurs) in Tübingen besucht hatte. In jedem der beiden Seminare hatten zu Beginn der Professor für Praktische Theologie und sein Assistent je eine Unterrichtsstunde gehalten. Dann kamen die Studenten und Studentinnen dran. Es waren für sie jeweils erstmalige Versuche, laufend passierten die typischen Anfangsfehler – ich war völlig frustriert. Der Pfarrverweser empfahl mir ein Buch, »Katechismusunterricht« stand auf dem Einband, das theologisch und methodisch gut war. Das habe ich mir angeschafft und danach gearbeitet.

Mein Weg führte mich vom Dekanat zur Martinskirche mit ihrem frühgotischen Schiff und ihrem um 1500 erbauten Chor mit dem bemalten Chorgewölbe, den vielen Schlußsteinen und Wappenschildern. Im Mittelpunkt dieser Kirche steht heute ein Kruzifixus, der wahrscheinlich aus der Werkstatt von Jörg Syrlin (1480 in Ulm) stammt. Der leidende Gottessohn ist so dargestellt, daß er zugleich als der Lebendige, Auferstandene seine offenen Augen auf die richtet, die zu ihm aufsehen. Dieser Kruzifixus, ein wertvoller Taufstein und zwei geschnitzte Figuren, Stephanus und der Evangelist Johannes, stammen aus der evangelischen Kirche in Gruorn. Diese Kirche liegt heute – zweckentfremdet – im Truppenübungsplatz und ist neben dem Schulhaus der einzige erhaltene Bau des ehemaligen Dorfes. Aufgrund des Gesetzes über die Landbeschaffung für Zwecke der Wehrmacht vom 29. März 1935 war die evangelische Kirchengemeinde Gruorn aufgehoben worden. Die Familien wurden evakuiert. Das evangelische Kirchengebäude wurde der Evangelischen Landeskirche von der Heeresverwaltung abgekauft. Nach jahrelangen Verhandlungen zwischen ihr und dem Evangelischen Oberkirchenrat in Stuttgart erfolgte die Übergabe am 3. April 1939. Obwohl im Landeskirchlichen Archiv über diese Vorgänge in Gruorn viele Akten vorhanden sind, findet sich in den Amtsblättern der Landeskirche darüber keinerlei Notiz. Dies wird als Zeichen dafür gewertet werden müssen, wie gespannt das Verhältnis zwischen Staat und Kirche in jenen Jahren gewesen ist.

Nachdem ich diese Kunstgegenstände, die 1939 noch nicht die Kirche schmückten, eingehend betrachtet hatte, suchte ich mit meinen Augen die Orgel. Auch sie ist neu. Meine Gedanken gingen zurück zu den vielen Stunden, in denen ich in stiller Freude und mir zum Trost auf der alten Orgel gespielt habe, meist Johann Sebastian Bach.

Damals füllten sich am Sonntagvormittag nach dem Gottesdienst die Bänke mit Kindern. Erstaunlich viele kamen. Ihnen eine biblische Geschichte zu erzählen, auch diese Aufgabe wurde mir übertragen. Darauf habe ich mich gründlich vorbereitet und hatte dabei nicht nur die Kinder vor Augen, denn immer wieder geschah es, daß ein Soldat sich in die Kirche verirrte und zuhörte. Zur Stadt gehörte ein Truppenübungsplatz.

Am Sonntagabend hatte ich im Filialort, der vier Kilometer entfernt war, von halb 8 bis 9 Uhr einen Mädchenkreis zu halten. Um 19 Uhr holte ich mir den Schlüssel zur Sakristei der Kirche. Dort kamen die Mädchen zusammen. Im Sakristeiofen lagen einige »Spächele« und etwas Papier. Dieses zündete ich an und legte ein paar Holzscheite, die vor dem Ofen lagen, und ein Brikett darauf. Jedes der Mädchen brachte ein, zwei Scheite Holz oder ein Brikett mit. Wir rückten um den Ofen zusammen, damit wir es warm hatten.

Um 21 Uhr holte mich der Pfarrverweser ab. Er war schon den ganzen Tag im Filialort, hatte Gottesdienst gehalten, Besuche gemacht und hielt abends zur gleichen Zeit einen Jungenkreis. Frühmorgens hatten wir vereinbart, wie wir den Weg zurücklegen wollten, mit dem Fahrrad oder bei Glatteis zu Fuß oder mit den Skiern, wenn es geschneit hatte.

Der Winter kam. Es wurde immer früher dunkel. Durch die Militärfahrzeuge des Truppenübungsplatzes war die schmale Straße zum Filialort voller Schlaglöcher. Da man das Fahrradlicht verdunkeln mußte, konnte man sie nicht sehen. Man mußte immer bereit sein, auszubalancieren, wenn das Fahrrad in solch ein Loch geriet.

Doch dies war nicht die einzige Schwierigkeit. Es war noch nicht lange her, da hatte Propagandaminister Goebbels verkündet, jede deutsche Frau solle dem Führer ein Kind schenken. Das empfand ich als beängstigend für diese Radfahrten durch Nacht und Nebel. Es dauerte auch nicht lange, da gesellte sich in der Dunkelheit, kurz nachdem ich die Stadt verlassen hatte, ein Mann mit seinem Fahrrad zu mir und fing an, mich auszufragen. Da ich der ganzen Situation nicht traute, erklärte ich, ich hätte etwas vergessen und müsse zurückradeln. Das tat ich auch. Aber offenbar hatte ich dann nicht lange genug gewartet. Als ich wieder an derselben Stelle ankam, trat er mit seinem Rad aus der Dunkelheit und begleitete mich. Nun konnte ich ihn nicht mehr abschütteln. Ich verwickelte ihn in ein lebhaftes Gespräch und behauptete, daß mich mein Freund in diesem Filialort erwarte oder mir mit dem Fahrrad entgegenkomme. Endlich tauchten die ersten Häuser des Dorfes auf. Ich war froh, als ich hinter der Sakristeitür war und die ersten Mädchen kamen.

Im Dekanatamt machte man sich auch Gedanken, wie das weitergehen sollte mit diesem Dienst am Sonntagabend im Filialort. Nahegelegen hätte vielleicht, daß ich noch bei Tage hingefahren oder -gewandert wäre und von Einbruch der Dunkelheit an mich in einen stillen Winkel einer Dorfwirtschaft zurückgezogen hätte. Dort hätte ich auch eine Kleinigkeit essen können und nicht bis 22 Uhr warten müssen, bis ich wieder im Dekanatamt angekommen war. Aber das lag nicht drin. Weil Krieg war, waren die wenigen Lebensmittelmarken, die man damals erhielt, im Dekanat. Ich war bei freier Station mit einem Taschengeld von 30 Mark angestellt. Von diesem Betrag mußte ich auch noch meine Krankenversicherung bezahlen. Es wurde dann eine Witwe gefunden, deren geheizte Sonntagsstube ich vom Einbruch der Dunkelheit an – natürlich ohne Verköstigung – mitbenutzen durfte, bis es Zeit war, in die Sakristei zu gehen.

Der Dekan kam regelmäßig mit den Pfarrern seines Bezirks zusammen. Er informierte sie über neue Entwicklungen im Verhältnis von Staat und Kirche – der Kirchenkampf war schon lange entbrannt –, und sie besprachen, wie die Stellvertretung geregelt werden müsse, nachdem immer mehr Pfarrer und Vikare zum Kriegsdienst eingezogen wurden. An diesen Zusammenkünften durfte ich nie teilnehmen. Barsch hatte er das abgelehnt, als ich ihn einmal darum gebeten hatte. Vielleicht wollte er mich schonen, damit ich nichts von den schweren Auseinandersetzungen zwischen Staat und Kirche erfahren sollte. Aber das war doch auch mein Weg, da wäre die Gemeinschaft mit anderen Betroffenen eine Hilfe gewesen. Vielleicht dachte er auch – wie es damals bei vielen Männern üblich war –, eine Frau versteht doch nichts von dem, was wir Männer reden! Dadurch fühlte ich mich sehr isoliert und irgendwie nicht ernstgenommen. Aber trotz allem war ich dankbar, daß unsere Kirche nun doch einen Arbeitsplatz für mich hatte. Ich war die letzte Abiturientin, die in die Liste der Theologiestudierenden der Landeskirche aufgenommen worden war. Nach mir wurde diese Liste für Abiturientinnen geschlossen. Ein Zustand, der über ein Jahrzehnt dauerte. Erst nach dem Zweiten Weltkrieg gab es wieder Theologiestudentinnen in der schwäbischen Landeskirche.

»Erinnern ist für den Menschen die Voraussetzung für die Zukunft« (Rita Süssmuth). – »Was soll der rückwärts gewandte Blick, wenn die Kirche unerbittlich gefordert ist, mit der Gegenwart und Zukunft fertig zu werden? Es ist der Dienst, den die kirchengeschichtliche Arbeit der Kirche zu leisten hat, am konkreten Beispiel darauf aufmerksam zu machen, daß Gegenwart und Zukunft nicht recht verstanden werden, wenn die Kirche nicht weiß, woher sie kommt« (Martin Brecht).

Mit diesen beiden Zitaten möchte ich das Motiv nennen, das mich veranlaßt, eine Entwicklung nachzuzeichnen, die sich in unserer Evangelischen Landeskirche in Württemberg in den Jahren 1924 bis 1977 vollzogen hat. Es geht um den Weg der Theologin innerhalb unserer schwäbischen Landeskirche, der über weite Strecken auch mein Weg war. Der Berufsweg der Theologinnen entwickelte sich in den einzelnen Landeskirchen sehr verschieden, inhaltlich und zeitlich. Im Schwabenland war er geprägt durch eine tiefe, innere Auseinandersetzung mit der Bibelfrömmigkeit des Pietismus, der auch ich viel verdanke. Es geht um den Wandel im Selbstverständnis der Frau, aber auch des Mannes, und darum, wie Mann und Frau ihr Verhältnis zueinander neu gestalten – auch im Raum der Kirche. Wichtig ist dabei die Frage nach dem biblischen Menschenbild und nach der Rolle, die der christlichen Tradition in diesem Wandel eingeräumt wird.

Eingebettet ist dieses ganze Geschehen in das epochale gesellschaftspolitische Umdenken – man könnte auch von einer kopernikanischen Wende sprechen – im Verhältnis der Geschlechter zueinander, das sich im 20. Jahrhundert vollzogen hat. Diese Bewegung, die vom Patriarchat wegführt zur Partnerschaft, ist noch im Gang und bei uns in Deutschland, trotz Grundgesetz, noch keineswegs abgeschlossen. Im Augenblick sieht sich der Feminismus, im theologischen Bereich in Gestalt der feministischen Theologie, als Antithese zum Patriarchat. Es ist zu hoffen, daß daraus eine gute Synthese erwächst in Form einer sich ergänzenden Partnerschaft von Mann und Frau. Aber partnerschaftliches Denken hat noch eine lange Wegstrecke vor sich, bis Widerstände, Vorurteile und an die Tradition gebundenes Denken neuen Einsichten weichen, die bis ins Unbewußte hinein das Denken, Fühlen und Verhalten der Menschen beeinflussen.

Wir Theologinnen der ersten Generation haben Spuren im Neuschnee gewagt, und unsere Landeskirche hat dies mehr ängstlich als wohlwollend geschehen lassen. Es wird zum einen zu untersuchen sein, wie sich dieser Weg in Erlassen, in Paragraphen und kirchenrechtlichen Ordnungen niedergeschlagen hat. Wir Theologinnen waren abhängig vom Oberkirchenrat und dem Evangelischen Landeskirchentag (später der Evangelischen Landessynode), aber auch von den tragenden oder den vorsichtig abwägenden Kräften der Gemeinden.

Es gab Kollegen, die uns brüderlich beraten und seelsorgerlich beigestanden haben. An sie und ihre Frauen denke ich mit großer Dankbarkeit. Aber es gab auch andere, Männer und Frauen, Theologen und Nicht-Theologen, die es für ihre Pflicht hielten, Steine auf den Weg der Theologinnen zu werfen. Es war keineswegs so, daß die Frauen für uns und die Männer gegen uns gewesen wären. Wie die einzelnen Persönlichkeiten mit ihren Vorurteilen gegenüber uns Theologinnen umgegangen sind, das ging quer durch die Geschlechter hindurch. Jede von uns wenigen Theologinnen der ersten Generation mußte an dem Ort, an dem sie eingesetzt war, ihren persönlichen Weg suchen.

Darum wird es zum anderen ein persönlicher Bericht werden, in dem ich den ganz verschiedenen Phasen meines Berufsweges nachgehe. Andere mögen ergänzen. Einzelne Situationen werde ich eingehend schildern, nicht um meine Kirche schlecht zu machen. Ich möchte zeigen, daß unsere Evangelische Landeskirche in Württemberg lernfähig ist und in der Theologinnenfrage bereit war, im Hören auf die Schrift umzudenken und Schritte nach vorn zu tun. Aber solche Schritte sind oft sehr mühsam und brauchen Zeit.

Herzlich danken möchte ich Professor Dr. Friedrich Lang, Tübingen, und seiner verehrten Frau. Sie haben mich theologisch und freundschaftlich begleitet während der Zeit, in der ich dieses Buch geschrieben habe.

Das Erbe der Vorfahren

Ich komme nicht aus einem Pfarrhaus. Vater war Beamter, Finanzamtsvorstand, zuletzt in Esslingen. Im Elternhaus habe ich, 1913 geboren, trotz des Ersten Weltkriegs und der darauf folgenden, von Unsicherheit und Entbehrung gezeichneten Jahre eine von Liebe geprägte, geborgene Kindheit erlebt. Die Erfahrung, angenommen zu werden, bei aller Kritik, die auch zu einer lebendigen Erziehung gehört, war sicher eine wichtige Hilfe für mein Glaubensleben und hat mich getragen auf meinem oft so schwierigen Berufsweg. Rückschauend erkenne ich, wie sehr geistige und geistliche Ströme eines von den Vorfahren überkommenen Erbes mein Leben innerlich getragen und bereichert haben. »Und was man ist, das blieb man andern schuldig« (Goethe). Dankbar sage ich das im Blick auf mein Elternhaus.

Vater war eine stille Persönlichkeit. Seine Wurzeln lagen im Evangelium, ohne daß er viele Worte darüber machte. Auf ihn, seine Treue und Standhaftigkeit, konnte man sich verlassen. Er versuchte, den Menschen Gerechtigkeit widerfahren zu lassen. Die Verantwortung für die ihm unterstellten Beamten und Angestellten verlieh ihm eine gewisse Würde, die jedoch durch Güte und einen feinsinnigen Humor gemildert wurde. In seiner Behörde wußte man, daß schwierige Beamte bei ihm in guten Händen waren, darum versetzte man sie in sein Amt. Im Urlaub und an Feiertagen erlebten wir Kinder, wie fröhlich er sein konnte.

In der Generation meines Vaters haben ein Bruder von ihm und mehrere Vettern Theologie studiert. In meiner Generation außer mir niemand. Über meinen Vater geht die Familiengenealogie zurück auf den sechsten evangelischen Abt des Klosters Maulbronn, Melchior Voltzius. Er war Württembergischer Rat und Generalsuperintendent und leitete das evangelische Seminar, in das das Kloster von Herzog Ulrich umgewandelt worden war, von 1619 bis 1625. Über meine Mutter führt die Ahnenlinie zurück auf Johannes Brenz, den bekannten Reformator von Württemberg. An einzelnen Frauen dieser mütterlichen Ahnenreihe möchte ich – ohne hier Familien- oder gar Kirchengeschichte schreiben zu wollen – einiges sichtbar machen über die Stellung der Frau in früheren Jahrhunderten.

Frauen aus dem Hause Brenz

Johannes Brenz[1] wurde am 24. Juni 1499 in Weil der Stadt als Sohn eines Ratsherrn geboren. Er studierte Theologie in Heidelberg und begegnete dort 1518 Martin Luther, als dieser beim Generalkonvent der deutschen Augustiner seine Thesen über den freien Willen und die Gnade vortrug und zur Diskussion stellte. Zusammen mit einigen Freunden schloß sich Brenz begeistert den Gedanken Luthers an.

1522 berief ihn der Rat der Freien Reichsstadt Schwäbisch Hall zum Pfarrer an die Kirche St. Michael. Hier wirkte Brenz vor allem als Prediger. Er war ein hervorragender Ausleger der Heiligen Schrift. Mit seinen Bibelpredigten wollte er die Menschen zu einem persönlich verantworteten Christsein führen. Er trat für das Priestertum aller Gläubigen ein und lehnte jede hierarchische Struktur der Kirche ab. 1528 verfaßte er, noch vor Luther, einen Katechismus für Kinder und Erwachsene.

Margarete

1530 heiratete Brenz Margarete Wetzel, die Witwe seines Freundes und Gönners Hans Wetzel, der als Ratsherr die Durchführung der Reformation in Hall sehr unterstützt hatte. Margarete war die Tochter des Haller Ratsherrn Kaspar Gräter und Schwester des Pfarrers Michael Gräter, mit dem Brenz seit seiner Heidelberger Studienzeit eng befreundet war. Sie hatte als Sechzehnjährige 1517 den 41 Jahre älteren Witwer Hans Wetzel geheiratet. Diese Ehe blieb kinderlos, Margarete wurde aber Stiefmutter der acht Kinder aus Wetzels erster Ehe. Als sie Brenz heiratete, war sie 29 Jahre alt. Mit ihm hatte sie sechs Kinder, fünf Töchter und einen Sohn.

Johannes Brenz scheint für Frauen und ihre Entfaltungsmöglichkeiten offen gewesen zu sein. Er sorgte in Hall dafür, daß auch die Mädchen Schulunterricht erhielten, um Lesen zu lernen und so Zugang zur Bibel zu bekommen. Anders als die vorherrschende Meinung dachte er über Frauen, die als Hexen galten. Er lehnte es ab, sie zu verfolgen, und hielt es für besser, diese unglücklichen Frauen Ärzten oder Theologen zu empfehlen, als sie den Henkern auszuliefern.

Dennoch hielt er an der überkommenen Rolle der Frau fest: Sie hat ihren Platz im Haus und in der Familie. Als Ehefrau hat sie ihren »Beruf« darin, ihrem Mann als dem Herrn und Haupt untertan zu sein: »... wann sie irem man geflissen ist und dienstbar, so dient sy Got; wan sie in kindsbanden ligt, so ligt sie in eynem kostlichen gottsdienst; wann sie das gescheft des haußhaltens volbringt, so thůt sie eittel gottsdienst.«[2] So sagt es ja auch die Heilige Schrift![3]

Was das »gescheft des haußhaltens« in Margaretes Alltag umfaßte, kann man sich auszumalen versuchen, wenn man sich das Haus ansieht, in dem Brenz mit seiner Familie in Hall gewohnt hat. Es steht noch und beherbergt heute das evangelische Dekanat. Diese vielen Räume! Es gab weder fließendes Wasser noch Gas und Elektrizität und die modernen Haushaltsmaschinen. Da war viel schwere körperliche Arbeit nötig. Im Winter konnte außer der Küche nur das Wohnzimmer beheizt werden, in den übrigen Räumen war es kalt und oft auch feucht. Auch deshalb waren die Kinder oft krank und bereiteten der Mutter große Sorgen – die Medizin konnte damals wenig helfen. Drei der Kinder von Johannes und Margarete Brenz erreichten denn auch nicht das Erwachsenenalter.

Brenz mußte seine Familie immer wieder allein lassen, weil seine kirchlichen Aufgaben ihn zu vielen Reisen nötigten. Er nahm an Reichstagen und verschiedenen Religionsgesprächen teil und beriet süddeutsche Fürsten und Städte in Fragen der Durchführung der Reformation, so zum Beispiel Tübingen, wo er sich 1537/1538 aufhielt und der Universität eine neue Ordnung gab.

Reisen ganz anderer Art zwangen ihm die politischen und kriegerischen Auseinandersetzungen auf, die die Reformation begleiteten. Mitte der vierziger Jahre gewann Kaiser Karl V. wieder größeren innenpolitischen Spielraum und setzte seine spanischen Truppen gegen die Evangelischen ein. Diese erlitten unter anderem in der Schlacht von Nördlingen Ende 1546 eine schwere Niederlage. Die Sieger zogen plündernd und marodierend durch Württemberg, auch Hall mußte sich ihnen unterwerfen. Brenz konnte sich der drohenden Verhaftung im letzten Moment durch Flucht entziehen. Aber seine Familie mußte die Besetzung und Durchsuchung des Pfarrhauses über sich ergehen lassen. Brenz' Bücher und Briefe wurden beschlagnahmt und zum Teil vernichtet.

Anfang Januar 1547 kehrte Brenz nach Hall zurück. Aber die Lage spitzte sich zu. Im folgenden Jahr verfügte Karl im Augsburger Interim, das der Reichstag im Mai 1548 annahm, daß die katholische Lehre in allen protestantischen Gebieten wieder eingeführt werde. Im November 1548 wurden alle noch verbliebenen evangelischen Pfarrer und Diakone – in Württemberg etwa 300 bis 400 Personen – amtsenthoben. Da nicht genügend qualifizierte katholische Priester vorhanden waren, um die vakant gewordenen Stellen zu besetzen, fand Herzog Ulrich von Württemberg den Ausweg, daß die abgesetzten Pfarrer als Prädikanten oder Katecheten wieder eingestellt wurden. So gab es in vielen Orten hintereinander katholische Meßgottesdienste und evangelische Predigtgottesdienste.[4]

Brenz war ein entschiedener Gegner des Interims und begründete das theologisch in einem Gutachten für den Rat der Stadt Hall. Dieses Gutachten wurde veröffentlicht und fiel dem Kanzler des Kaisers in die Hände, der daraufhin den Auftrag gab, Brenz zu verhaften. Am 24. Juni 1548, einem Sonntag, seinem

49. Geburtstag, saß Brenz gerade beim Nachtessen, »da stund ein ehrlicher Mann, gab ihm hernieder auf dem Boden ein klein Zettelein kaum eines Fingers lang und breit, darauf stund geschrieben: Domine Brenti, cito fuge, fuge« (fliehe schnell, flieh).[5] Noch in der Nacht folgte Brenz dieser Aufforderung und mußte seine bereits schwer erkrankte Frau und die Kinder allein zurücklassen. Brieflich bat er den Rat der Stadt, sich ihrer anzunehmen. Weil die spanischen Häscher ihn nicht greifen konnten, wollten sie wenigstens seinen Sohn, den damals neunjährigen Johannes, in ihre Gewalt bekommen. Ein Verwandter erkannte die Gefahr, setzte den Jungen zu sich aufs Pferd und ritt mit ihm davon. Ein Jahr lang wußte Brenz nichts über den Verbleib seines Sohnes.

Am 18. November 1548 starb Margarete in Hall an der Schwindsucht. Es scheint, daß die Gewichte in dieser Ehe sehr verschieden verteilt waren. Johannes Brenz leistete viel mit großem Einsatz, er schonte sich nicht. In dieser von inneren und äußeren Kämpfen erfüllten Zeit war auch sein Leben vom Kampf geprägt, Ruhe fand er selten. Aber er fand in seiner theologischen Arbeit Erfüllung und immer wieder Erfolg, auch in der Zusammenarbeit mit anderen Theologen und Männern der Politik. Margarete hingegen ging an seiner Seite einen stillen Weg in der Hingabe an ihren Mann und ihre Kinder, einen Weg, der immer wieder von Sorgen und Angst, von Dulden und Leiden überschattet gewesen sein muß und vom Alleinsein in notvollen Zeiten. Ihrem Sohn Johannes scheint etwas davon aufgegangen zu sein. Er ließ ihr später an der Südfassade der St. Michaelskirche in Hall einen Grabstein setzen. Er zeigt eine kniende Frau mit flehend zum Himmel erhobenen Händen. In der Inschrift darüber liest man: »Von Johannes, dem Jüngeren, seiner sehr geliebten Mutter.«[6]

Katharina

Nach dem Tod von Margarete Brenz wurden ihre beiden ältesten Töchter, die knapp siebzehnjährige Barbara und die vierzehnjährige Sofie, von Herzog Ulrich aufgenommen. Im fürstlichen Frauengemach in Stuttgart erhielten sie ihre Erziehung. Die anderen Kinder kamen zu Verwandten und Bekannten.

Johannes Brenz war »untergetaucht«. Der Herzog wies ihm wechselnde Aufenthaltsorte zu, zuletzt, im Sommer 1550, in Urach, wo sich die Sommerresidenz der Württemberger befand. Jetzt konnte Brenz daran denken, seinen Kindern wieder eine Mutter zu geben. Am 7. September 1550 heiratete er Katharina Eisenmenger, eine Verwandte seines Freundes in Hall. Sie war etwa dreißig Jahre jünger als er. Aus dieser Ehe gingen zwölf Kinder hervor, darunter mindestens drei Söhne. Einer von ihnen, Matthias, der 1557 als viertes Kind geboren wurde, war körperlich und wohl auch geistig behindert.

Die Verhältnisse der Familie änderten sich grundlegend. Nach dem Passauer Vertrag 1552, der dem Interim zunächst ein Ende bereitete, konnte Herzog Christoph, Nachfolger seines zwei Jahre zuvor verstorbenen Vaters Ulrich, Johannes Brenz endlich nach Stuttgart holen. Hier wurde er am 10. Januar 1553 zum »ersten Pfarrherrn von Stuttgart, zugleich zum leitenden Kirchenführer des ganzen Landes, zum ›Obersten Superattendenten unserer Kirchensachen in unserer Kanzlei‹«, seit 1557 auch zum »Generalvisitator der Klöster im Lande« ernannt.[7] In der »Kanzlei«, der späteren Hofapotheke, hatte er sein Dienstzimmer. Die Kanzlei war durch einen Brückengang mit dem Schloß verbunden, so daß Brenz einen direkten Zugang zum Herzog hatte – Symbol der inneren Verbundenheit beider Männer, die in den folgenden Jahren Württemberg zum Modell eines evangelischen Landes machten.

Am 10. September 1570, zwei Jahre nach der Geburt seiner jüngsten Tochter Anna Maria und kurz nach dem Tod von Herzog Christoph, starb Johannes Brenz in Stuttgart. Seinem Wunsch gemäß wurde er unter der Kanzel der Stiftskirche beigesetzt, »damit, wenn etwa jemand nach der Zeit von dieser Kanzel eine Lehre verkündigen sollte, entgegengesetzt der, welche ich meinen Zuhörern vorgetragen, ich mein Haupt aus dem Grab erheben und ihm zurufen kann: Du lügst!«[8]

Wenn damals ein Pfarrer oder Lehrer starb, waren seine Frau und seine Kinder ohne Ernährer und damit in der Regel mittellos. Nur wenn die Söhne schon berufstätig und die Töchter verheiratet waren, konnten sie sich finanziell durchbringen und meist auch für die Mutter sorgen. Für die Witwe gab es weder eine Pension noch eine Rente. (Noch zwei Jahrhunderte später, 1760, starb Anna Magdalena, die Witwe Johann Sebastian Bachs, in Leipzig als »Stadtarme«, also Almosenfrau.) In Württemberg war in den Kirchenordnungen des 16. Jahrhunderts wenigstens an die Pfarrwitwen gedacht worden; sie sollten mit Mitteln aus dem Kirchengut unterstützt werden. In einem Bittgesuch, das sie im November 1570 an die Herzogin-Witwe richtete, schilderte Katharina ihre Lage: »Unser Hauswirt ... hat uns, sein Witib und 13 Kinder, darunter mir die 3 ältesten von seiner ersten Hausfrauen herkommen, hinter ihm gelassen.«[9] Von den sechs Kindern aus Brenz' erster Ehe lebten noch drei, Barbara, Sofia und Johannes, von den zwölf Kindern aus seiner zweiten Ehe noch zehn. Wir erfahren nicht, wie lange Katharina ihn überlebt hat. Sie soll wieder nach Hall gezogen sein, zu ihrem Sohn Josef, der dort Arzt war.[10]

Barbara

Brenz' älteste Tochter kam 1532 in Hall zur Welt. Nach dem Tod ihrer Mutter Margarete wurde sie, wie schon erwähnt, zusammen mit ihrer Schwester Sofie in das fürstliche Frauengemach in Stuttgart aufgenommen. Als 1551 in Stuttgart die Pest ausbrach, wurde der Hof nach Tübingen verlegt (bis 1553). Ephorus am Tübinger Stift war damals Dietrich Schnepf, ein Sohn des mit Johannes Brenz befreundeten Erhard Schnepf, welcher vierzehn Jahre lang in Württemberg im Sinne Luthers reformiert hatte.[11]

Dieser Dietrich Schnepf verkehrte viel bei den herzoglichen Frauen in Tübingen. Hier lernte er Barbara kennen und lieben. Zunächst hielt er durch einen Brautwerber um ihre Hand an, holte sich aber dann 1552 persönlich das Einverständnis von

Johannes Brenz. Am 18. Februar wurde die Verlobung gefeiert, am 2. März die Hochzeit. Den Zeitumständen entsprechend war es eine schlichte Feier, die wegen der Pest in Ehningen stattfand. Vater Brenz selbst vollzog die Trauung.

Wegen der Berufslaufbahn ihres Mannes mußte Barbara in den ersten fünf Jahren ihrer Ehe drei Umzüge überstehen. Schnepf wurde ein Jahr nach der Hochzeit die Pfarrei Derendingen übertragen. Nachdem er 1554 in Tübingen den theologischen Doktorgrad erworben hatte, kam der zweite Umzug, im Januar 1555. Dieser führte nach Nürtingen, wo Schnepf die Superintendentur (heute heißt das Dekanat) übernahm, mit der die Generalsuperintendenz für Denkendorf verbunden war. Im Februar 1557 kehrte er nach Tübingen zurück, jetzt als Professor, und versah dort auch die Stadtpfarrei und die Generalsuperintendenz für Tübingen.

Bewegend im Leben von Barbara Schnepf ist, daß sie in den zwanzig Jahren ihrer Ehe sechzehn Kinder geboren hat. Zuerst kamen elf Töchter zur Welt, darunter ein Zwillingspaar. Elf Töchter hintereinander! Wie belastend mußte das für die Mutter sein, denn eine Tochter, die den Namen des Vaters nicht fortsetzen konnte, war – und ist? – eine Enttäuschung. Und jede dieser elf Töchter sollte eine standesgemäße Aussteuer für die künftige Ehe bekommen. Da mußte früh gespart und an der Mitgift gearbeitet werden.

Nach diesen elf Töchtern gebar Barbara noch fünf Söhne. Völlig entkräftet starb sie bei der Geburt ihres jüngsten Sohnes, Konstantinus, im Mai 1572 im Alter von vierzig Jahren. Sie wurde in der Stiftskirche in Tübingen beigesetzt, in der auch ihr Mann vierzehn Jahre später sein Grab fand. Bei Barbaras Tod lebten von ihren sechzehn Kindern noch zwölf, drei Söhne und neun Töchter. Die Söhne wurden später alle Theologen und erfüllten so den letzten Wunsch der Mutter.[12]

Über diese zweite Tochter aus der zweiten Ehe von Johannes Brenz geht die Ahnenlinie unserer Familie auf den Reformator zurück. Agathe wurde 1554 in Stuttgart geboren. 1576 heiratete sie Thomas Spindler, den Diakonus an der Leonhardskirche in Stuttgart, der 1552 als Sohn des kaiserlichen Zollverwalters in Göppingen geboren worden war. Er muß ein begabter und guter Theologe gewesen sein. Schon 1577 wurde er Oberprediger an St. Leonhard, und 1581 erbaten ihn die oberösterreichischen Stände vom Herzog von Württemberg als Pfarrer nach Linz. Dort wurden ihm die Oberpredigerstelle und die Aufsicht über Kirchen und Schulen übertragen. Aber schon zwei Jahre später starb er.

Nun war Agathe mit 29 Jahren Witwe. Sie hatte ihrem Mann in siebeneinhalb Jahren fünf Kinder geboren, von denen zwei Söhne schon früh starben. Drei Jahre lebte sie als Witwe mit den Kindern, die ihr geblieben waren, zwei Töchtern und einem Sohn.

1586 wagte Agathe zum zweiten Mal den Schritt in die Ehe. Sie heiratete wieder einen Theologen, den Magister Matthias Hafenreffer, Diakonus in Herrenberg. Er war sieben Jahre jünger als Agathe und galt als ein »junger und von Gelehrsamkeit etwas stolzer Mann«.[13] Nach seiner Eheschließung muß ihn diese Heirat gereut haben, weil er glaubte, »er hätte eine schönere und reichere Frau heurathen sollen«, wozu er anscheinend Gelegenheit gehabt hätte. Diese Gedanken erfüllten sein Herz. Aus menschlicher »Schwach- und Thorheit« habe er seine Frau nicht mehr geachtet, habe »liederlich« gelebt und »nichts als die Einsamkeit« geliebt.

Dekan in Herrenberg war damals Johann Andreä. Er muß eine »heroische Frau« gehabt haben, Maria, die er seinen »Haushelden« nannte und »über das weibliche Geschlecht erhoben« habe. Diese Maria hat die Not Agathes wahrgenommen. Zunächst redete sie ihr gut zu und ermahnte sie zur Geduld. Als dies nichts half, nahm sie – nicht der Herr Dekan – sich den jungen Mann vor und las ihm die Leviten: Er lebe im Predigtamt und meine, er sei ein gelehrter Mann; aber er sei noch ganz unvernünftig und verstehe nicht, welches Glück er mit seiner Ehe habe. Er habe eine Frau aus vornehmer Familie, die vor ihm einen angesehenen Mann gehabt habe. Er solle sie hoch achten und lieben und sich schämen, eine Frau geheiratet zu haben, die er nicht nach ihren Verdiensten zu behandeln wisse. Er sei nicht wert, auch nur eine ihrer Mägde zur Ehe zu haben. Zwei Guthaben seien auf ihn gekommen: der Segen von Spindler und der große Ruhm von Brenz, deren er »wegen seiner ungeschliffenen Lebensart nicht würdig« sei und für die er Gott nicht danke.

Das muß gewirkt haben. Hafenreffer habe sich »sehr geschämt«, aber auch »mit großer Freude« die »tugendsame Aufführung und Qualitäten« seiner Frau besser erkannt. Beide waren offenbar fähig, ihre Ehe neu zu beginnen. Er sagte, »er sei sein Lebtag von niemand lebhafter reprochirt, seines Unfugs beßer überzeugt, und so nachtrücklich in die Schranken eingeleitet worden«. Er habe, nächst Gott, die darauf erfolgte Eintracht in seiner Ehe niemand als der »Frau Speciälin Andreein« zu danken.

Agathe brachte in der Folge zehn Kinder zur Welt, von denen sechs in der Kindheit starben. Nur zwei Söhne und zwei Töchter wuchsen heran und gründeten einen eigenen Hausstand.

Nachdem er gelernt hatte, eine Ehe zu führen, hatte Matthias Hafenreffer auch berufliche Erfolge. 1588 wurde er Pfarrer in Ehningen, 1589 Hofprediger in Stuttgart. Er erwarb die theologische Doktorwürde, wurde 1592 Professor in Tübingen und 1617 dort Kanzler der Universität. 1619 starb er in Tübingen. Seine Frau Agathe hat dies nicht mehr miterlebt. Sie war 1599 in Bad Liebenzell gestorben, wo sie wohl Heilung von einer Erkrankung gesucht hatte. Vier Monate nach ihr starb ihr letzter Sohn aus erster Ehe, Matthäus, im Alter von siebzehn Jahren.

Auch drei Jahrhunderte später hatte sich die Situation der bürgerlichen Frauen nicht wesentlich geändert: Heiraten (oder sich von den Eltern verheiraten lassen), viele Kinder aufziehen, einen großen Haushalt führen, eine gute Gastgeberin sein – und immer dem Manne untertan, das war noch immer ihre Rolle.

Bei meiner Großmutter mütterlicherseits, Amalie Jung, war das nicht anders. Sie wurde 1841 als Tochter eines Fabrikanten in Göppingen geboren und schon jung dem zehn Jahre älteren Witwer Theodor Sixt vermählt. Dieser kam aus einem Pfarrhaus, wurde Kaufmann und führte mit seiner ersten Frau ein Hotel in Genf. Sie hatten sieben Kinder, zwei von ihnen starben früh. Im siebten Wochenbett starb auch die Frau. Ohne sie konnte Sixt das Hotel in Genf nicht weiterführen, verkaufte es und kehrte nach Deutschland zurück. Er trat in die Firma meines Urgroßvaters ein, lernte dessen Tochter Amalie kennen und hielt um ihre Hand an. Die Eltern befürworteten diesen Antrag, und Amalie erklärte sich bereit, die Frau dieses Herrn Sixt zu werden und seinen fünf kleinen Kindern eine Mutter. Bald kamen eigene Kinder hinzu, neun insgesamt, von denen ebenfalls zwei sehr früh starben. So sprach Großmutter immer von ihren zwölf Kindern. Als Schulmädchen habe ich einmal heftig dagegen protestiert: »Wieso zwölf? Die erste Frau hat sieben Kinder gehabt und du neun, das sind doch zusammen sechzehn!« Aber Großmutter hat nur still gelächelt, und den Schmerz um die, die nicht zählten, konnte ich nur ahnen.

Die Fabrik, eine Baumwollspinn- und -weberei, die mein Großvater von seinem Schwiegervater übernommen hatte, wurde dann von Göppingen nach Eislingen verlegt, und Großvater baute dort für die große Familie ein schönes Haus. Als Arbeitgeber war er sehr sozial eingestellt, vielleicht infolge seiner Herkunft aus einem Pfarrhaus. Er hatte ein Herz für seine Leute. Sie brauchten am Samstagnachmittag und am Sonntag nicht zu arbeiten, was damals nicht selbstverständlich war, und wurden gut bezahlt. Die Meister und Vorarbeiter brachten es jeder zum eigenen Haus. Sie hingen an ihrem Chef, und sie mochten die ganze Familie Sixt.

Großvater übergab später die Fabrik seinem ältesten Sohn aus erster Ehe und zog als Privatmann mit Großmutter nach Cannstatt. Dort starb er im Jahr 1902.

Großmutter war eine kluge und energische Frau. In geschäftlichen Dingen wäre sie ihrem Mann sicher überlegen gewesen, aber dieser Bereich blieb ihr verschlossen. Sie erzählte mir einmal: »Weißt du, bei den Verhandlungen ging es immer um den halben Pfennig. Und wir mit unseren zwölf Kindern hätten diesen halben Pfennig haben sollen. Aber der Großvater hat die Verhandlungen immer so geführt, daß der andere den halben Pfennig bekam.« Sie habe ihn oft gebeten, ins Kontor kommen und an den Verhandlungen teilnehmen zu dürfen, als Fabrikantentochter verstehe sie schließlich etwas von diesen Angelegenheiten. Aber Großvater hat das kategorisch abgelehnt.

Nach dem Tod ihres Mannes lebte sie, zunächst noch mit eigener Wohnung, in der Nähe meiner Eltern, in Maulbronn und in Waiblingen. In Esslingen dann lebte sie ganz bei uns.

Großmutter war auch eine fromme Frau. Sie kannte sich aus in der Bibel. Ein Stichwort oder eine vage Angabe genügte ihr, um nach kurzem Blättern den gesuchten Textabschnitt zu finden, ohne Konkordanz. Als kleines Kind habe ich sie in Waiblingen oft besucht. Sie besaß eine für damalige Begriffe wunderschöne Bilderbibel. Die schlug ich auf im Alten oder Neuen Testament, sah mir ein Bild an und bat Großmutter, mir die Geschichte dazu zu erzählen. Sie wußte sie alle auswendig. Einmal, so kolportiert es die Familie – das war auch noch in Waiblingen –, kam der Dekan zu uns Erstkläßlern in die Schule, um den Religionsunterricht zu prüfen. Nachdem das vorbei war, erzählte er selbst uns noch eine biblische Geschichte. Kaum war er damit fertig, hob sich ein Finger. »Ja, Lenore?« – Lenore: »Meine Großmutter weiß die Geschichte viel schöner!« Der Mann hatte Humor und war nicht beleidigt. Gleich nach der Stunde eilte er zu meiner Mutter und erzählte ihr lachend, was ihre Jüngste sich da eben geleistet hatte.

Großmutter hat mir die Liebe zum Wort Gottes ins Herz gepflanzt und so den Grund dafür gelegt, daß ich später Theologie studiert habe.

Die Mutter: Amalie Volz

Jugendzeit und erste Ehejahre

Sie war die jüngste von Großmutters zwölf Kindern und wurde 1878 in Eislingen geboren. Zusammen mit ihrer Schwester Elisabeth, der zweitjüngsten Tochter, wurde sie nach Lausanne in Pension geschickt. Dort sollten sie Französisch sprechen, Bildung und gutes Benehmen lernen, um sich nachher in der Gesellschaft bewegen zu können. Einen Beruf zu erlernen, das lag außer Denkweite. Die Töchter wurden aber sehr gründlich im Haushalt ausgebildet, und man lieh sie als fliegende Hilfe in der Familie aus. Auch künstlerisch durften sie sich betätigen. Mutters Schwester bekam Malunterricht. Meine Mutter erhielt Gesangsunterricht; sie hatte eine schöne Singstimme, die sie bei verschiedenen Lehrern ausbilden ließ.

Nun gab es in Maulbronn einen fast 37jährigen Finanzamtsvorstand, den »Kameralverwalter« Hugo Volz, ledig. Ihn hatte ein mit Großvater Sixt befreundeter höherer Beamter als Heiratskandidaten für dessen Tochter ins Auge gefaßt. Also wurde ein »zufälliges« Treffen arrangiert. Er schlug meinem Großvater einen gemeinsamen Ausflug nach Maulbronn vor. Beide sollten sie ihre jüngsten Töchter mitnehmen. Als man im Hotel Post einkehrte, tauchte plötzlich dieser Kameralverwalter Volz auf. Man unterhielt sich angeregt. Mutter wurde aufgefordert, etwas zu singen. Sie setzte sich ans Klavier, begleitete sich selbst und sang einige Lieder. Später führte der junge Mann die beiden Väter und ihre Töchter noch durchs Kloster. Dann fuhren sie wieder heim. Aber Amalie hatte sich in das Herz des Kameralverwalters hineingesungen, und die beiden wurden ein Paar. Sie hatten am selben Tag Geburtstag, am 1. Dezember; nur war er sechzehn Jahre vor ihr zur Welt gekommen.

Die Hochzeitsreise führte sie nach Venedig. Als sie zurück waren, tauchte eines Morgens gegen sieben Uhr, sie saßen gerade am Frühstückstisch, der Vater auf, unangemeldet. Er war in aller Frühe mit dem Zug von Cannstatt nach Mühlacker gefahren und durch den Wald nach Maulbronn gewandert. Er trank mit ihnen Kaffee. Als dann der Schwiegersohn ins Amt gegangen war, ließ sich der Vater von seiner Tochter aller Schränke und Schubladen öffnen. Er wollte sehen, ob sie Ordnung hält und ob der Schwiegersohn mit seiner Tochter nicht hereingefallen war. Mutter duldete diese Kontrolle, obwohl sie das Demütigende daran sicher empfunden hat. Sich Fügen war Frauenlos. Aber sie ging dabei nicht so weit wie eine ihrer Schwestern. Die holte jeden Abend, wenn ihr Mann heimkam, seine Hausschuhe, kniete vor ihm nieder, zog ihm die Schuhe aus und streifte ihm die Hausschuhe über. Die Situation von Frauen damals!

Mutter tat das nicht, sie war eben doch einige Jahre jünger und moderner. Aber für die Bequemlichkeit ihres Mannes sorgte auch sie, sie hat mir einmal ein Beispiel dafür erzählt. Im Finanzamt in Maulbronn, das im Kloster untergebracht war und in dem meine Eltern auch wohnten, gab es zwar einen Keller, aber der Hauptkeller lag auf der anderen Seite des Klosterhofes im Fruchtkasten. Der hatte eine breite Doppeltür, und von dort führte eine steile Treppe mit vielen Stufen in die Tiefe. Oben stand eine Kerze, die man anzünden mußte, eine andere Beleuchtung gab es nicht. Mutter fürchtete sich immer vor dem Gang dorthin, denn in dem Keller gab es Ratten, und Fledermäuse flogen einem um den Kopf. Aber dort stand das Weinfaß! Ich habe noch den Viertelliterkrug gesehen, mit dem Mutter jeden Abend dem Vater den kühlen Wein geholt hat. Nur bei sehr schlechtem Wetter habe Vater sie begleitet. Normalerweise mußte sie allein tapfer sein. Das Dienstmädchen hatte um diese Zeit Feierabend.

Mit den Jahren gewann Mutter aber an Selbständigkeit. Auch dafür ein Beispiel. Im Seminar im Kloster Maulbronn gab es einen Kirchenmusiker, der mit den Seminaristen Kirchenkonzerte in der schönen Klosterkirche veranstaltete. Dafür engagierte er auch Mutter. Auf dem Programmzettel stand dann »unter gütiger Mitwirkung der Frau Finanzrat Volz«. Auch Anfang der zwanziger Jahre, als Mutter in Esslingen in der kirchlichen Frauenarbeit tätig war, stand unter den Einladungen zu den Bezirksfrauentagen noch »Frau Oberregierungsrat Volz«. Wenige Jahre später aber las man nur noch »Frau Amalie Volz«. Sie war sie selbst und definierte sich nicht mehr durch ihren Mann. Damit war sie ihrer Zeit weit voraus.

Im Ersten Weltkrieg

In Maulbronn sind meine beiden älteren Geschwister zur Welt gekommen. Gerhard war neun und Ruth acht Jahre älter als ich. 1912 wurde Vater Vorstand des Finanzamtes in Waiblingen. Dort wurde ich geboren, ein Jahr vor dem Beginn des Ersten Weltkriegs.

1917 erkrankte Gerhard schwer: Diphtherie. Bange Tage und Nächte. Trotz aller ärztlichen Hilfe und wahrscheinlich vieler Gebete starb der Dreizehnjährige. Er war unser Ältester und der einzige Sohn. Neben seinem Grab, am Ende einer langen Reihe, wuchs eine halbrunde Hecke. Die Eltern stellten eine Bank dorthin, direkt neben das Grab. Abends, nach dem Dienst, wenn der Friedhof schon geschlossen war (Vater hatte einen Schlüssel), gingen sie miteinander dort hin, saßen auf der Bank, sprachen und schwiegen miteinander. Aber ihre Herzen öffneten sich für das viele Leid. Es war Krieg, und viele Eltern mußten ihren einzigen Sohn hergeben und Frauen den Mann. So wuchs bei den Eltern die Bereitschaft zu helfen. Mutter tat dies auf ihre eigene aktive Weise, sie nahm sich einzelner vom Leid heimgesuchter Menschen an. Vater ließ sie gewähren und unterstützte ihr Tun finanziell.

Aber Mutter beließ es nicht bei Einzelfallhilfe. Sie rief einen evangelischen Arbeiterinnenverein ins Leben. Dabei halfen ihr persönliche Beziehungen. An den Garten des Finanzamtes grenzte der Garten des Besitzers der Seidenfabrik. Dieser und seine Frau, im Alter unserer Eltern, waren sehr musikalisch. Er spielte Geige und sie Klavier. Da lag es nahe, gemeinsam zu musizieren, abwechselnd in beiden Häusern. Mutter sang, und das Ehepaar begleitete sie. Aber sie sang nicht nur, sie erzählte dem Fabrikanten auch von ihrer Absicht, einen solchen Verein zu gründen. Daraufhin stellte er ihr einen Raum in der Fabrik zur Verfügung, in dem sich die Frauen einmal in der Woche trafen. Mutter las vor, sprach mit ihnen über Lebensfragen, man spielte gemeinsam. Vor allem aber wurden Alltagsprobleme besprochen, in der schwierigen Versorgungslage dieser Jahre von besonderem Gewicht.

Der Krieg ging zu Ende. Im Oktober 1918 wurde die Bitte um einen Waffenstillstand ausgesprochen. Nach dem Matrosenaufstand in Kiel brach am 9. November in Berlin die Revolution aus. Die Monarchie wurde beseitigt, die Deutsche Republik ausgerufen. Die scharfen Waffenstillstandsbedingungen wurden am 11. November angenommen. In Württemberg mußte König Wilhelm II. abdanken. Er war zugleich der Bischof der württembergischen Landeskirche gewesen. Diese mußte sich neu konstituieren. Dies geschah auf einem verfassunggebenden Kirchentag, der im Sommer 1919 tagte.

Der Evangelische Volksbund und seine Frauenabteilung[14]

In dieses Jahr 1919 fällt auch die Gründung des Evangelischen Volksbundes, einer Laienbewegung von Frauen und Männern. Diese hatten erkannt, daß geistige Werte ins Volk hineingetragen werden müssen. Zu den Gründern gehörten Exzellenz von Mosthaf, Generalstaatsanwalt von Röcker und, von seiten der Kirche, Prälat D. Jakob Schoell. Akademiker aus den verschiedensten Berufen standen ihnen zur Seite. Das Ziel dieses Volksbundes hat Schoell in Leitsätzen so beschrieben: »Wir wollen eine das ganze Land umfassende Vereinigung zu freier Besprechung kirchlicher Fragen und entschlossener Vertretung kirchlicher Interessen im öffentlichen Leben«, also »keine bloße Arbeitsgemeinschaft«, keinen »Erbauungsverein«, »keine evangelische Zentrumspartei«. Entscheidendes Motiv für ihn war, »daß ohne die Mobilmachung des evangelischen Volkes die staatsfreie Volkskirche sich nicht durchsetzen« könne. In der Satzung wird der Zweck des Volksbundes so angegeben: »Zusammenschluß des evangelischen Kirchenvolks ohne Unterschied der politischen Parteistellung und der kirchlichen Richtung, Stärkung der Selbsttätigkeit der Gemeindeglieder, Förderung evangelisch-christlicher Erkenntnis und kirchlichen Sinnes, entschlossene Vertretung evangelisch-christlicher Grundsätze und kirchlicher Interessen im öffentlichen Leben.«

Es entstanden Ortsgruppen und Bezirksausschüsse, jährlich fand ein Vertretertag im Furtbachhaus in Stuttgart statt. Hier war pulsierendes Leben zu spüren. Mutter war von Anfang an dabei und nahm mich schon als Schulmädchen zu den Treffen mit. Hier fühlte ich mich wohl, anders als in der Kirche, in der ich vieles als starr und leblos empfand.

Schon bald wurde eine Frauenabteilung des Volksbundes gegründet. Zahlreiche Frauen stellten sich zur Verfügung, ehrenamtlich. Bewußt wurde die Verbindung mit schon bestehenden Vereinen und deren Aufgaben gesucht. Es ging um die Pflege der Kriegshinterbliebenen, die Sammlung von Dienstmädchen in evangelischen Standesvereinen, die Betreuung von Hausfrauen bei ihren vielfältigen Aufgaben im Haushalt und in der Familie. Auch mit der Jugendarbeit wurde Verbindung angestrebt. Die »Sittlichkeitsfrage« gab Anlaß, nach Rednerinnen zu suchen, die zu diesem Thema Vorträge halten konnten.

Wir waren inzwischen (1921) nach Esslingen gezogen, wo Vater die Leitung des dortigen Finanzamtes übernommen hatte. 1922 wurde meine Mutter zur Vorsitzenden der Frauenabteilung des Volksbundes in Württemberg gewählt. Gleichzeitig war sie dessen Bezirksvertreterin. Zwei Aufgaben lagen ihr besonders am Herzen: daß Frauen die Bibel besser kennenlernen, um aus ihr Kraft und Hilfe für ihren Alltag zu schöpfen, und daß Mütter geschult werden für die Erziehung ihrer Kinder. Dafür rief sie Frauenbibelstunden ins Leben und gründete die erste evangelische Mütterschule in Württemberg.

Die Bibelstunden, zuerst in Esslingen, dann auch in anderen

Orten des Dekanats, bereitete sie meist zusammen mit dem Pfarrerehepaar vor. Aber nicht alle Pfarrer waren dafür aufgeschlossen. Einer meinte einmal: »Sie leeren uns damit unsere Bibelstunden.« Mutter entgegnete: »Im Gegenteil, wir wollen sie Ihnen füllen. Dadurch, daß sie selber lernen, die Bibel zu lesen, bekommen die Frauen Interesse an der Bibel. Fragen werden wach, und die Frauen kommen in Ihre Bibelstunde.« Bisher gab es die Bibelstunde nur als eine andere Form der Predigt. Der Pfarrer stand vorn und legte die Texte aus, und die Zuhörer, meist Frauen, saßen still dabei. Jetzt war aber eine andere Methode erarbeitet worden, von der Vikarin Maria Weigle, die im Bayerischen Mütterdienst in Stein bei Nürnberg tätig war. Sie gab im Laetare-Verlag jeden Monat ein Heft heraus, in dem jeweils ein Thema aus dem Leben der Frauen oder der Familie besprochen wurde. Daneben aber stand in jedem Heft eine methodisch ganz genaue Anleitung, wie man gemeinsam einen Bibeltext erarbeiten kann. Maria Weigle erläuterte jeden einzelnen Arbeitsschritt, nannte Fragen, zeigte mögliche Antworten auf und führte so ganz systematisch durch den Text. Heute arbeiten die meisten Pfarrer und Pfarrerinnen nach dieser Methode. Damals aber war sie neu, und wir alle haben viel daraus gelernt. Nach dieser schriftlichen Anleitung konnte auch eine Pfarrfrau oder eine Gemeindehelferin eine Frauenbibelstunde halten. Mutter hat ebenfalls mit dieser Methode gearbeitet und sie weiterempfohlen.

Die erste evangelische Mütterschule in Württemberg

Das andere, was Mutter bewegte: Wir brauchen Hilfe, um Müttern beizustehen in der Erziehung ihrer Kinder. Immer wieder sagte sie: »Für alles bekommt man eine Ausbildung, aber nicht für diese verantwortungsvolle Aufgabe, junge Menschen in die Welt hineinzuführen. Das überläßt man einfach den Eltern.« Über gewisse Fragen konnte man damals überhaupt nicht sprechen. Sie waren tabu, zum Beispiel Fragen der Ehe und der Sexualität. Man ließ junge Frauen in die Ehe gehen, ohne daß sie wußten, was es bedeutet, verheiratet zu sein. Es fehlten die

Worte, darüber zu sprechen. Psychologische und sexualwissenschaftliche Erkenntnisse, in Wissenschaftskreisen längst diskutiert, waren noch nicht ins allgemeine Bewußtsein gedrungen. Aufklärung tat also not.

Ganz klein fing Mutter 1928 mit der Mütterschule an. Im Keller der Esslinger Mädchenvolksschule bekam sie einen Raum, in dem der erste Kurs begann. Weil es eine evangelische Mütterschularbeit war, hielt zu Beginn eines jeden Kurses ein Pfarrer eine kurze Andacht. Dann wurde es praktisch. Mutter hatte einen Ausschuß gegründet, dem Fabrikantenfrauen angehörten, die für finanzielle Hilfe sorgten, und Pfarrfrauen, die ihre Männer für diese Arbeit gewannen. Mit diesem Ausschuß besprach sie alle auftretenden Fragen. In der Frauenabteilung des Volksbundes gab es verheiratete Frauen, die früher Lehrerinnen gewesen waren. Diese gewann Mutter für Vorträge über Erziehungs-, Ehe- und Familienfragen. Ein Kinderarzt sprach über Kinderkrankheiten, eine Krankenschwester unterwies in Säuglings- und Krankenpflege. Kammersängerin Meta Distel sang mit den Müttern Kinderlieder und führte sie in die Lieder von Matthias Claudius und Paul Gerhardt ein.

Viel Geld stand, trotz der Fabrikantengattinnen, nicht zur Verfügung. Es existiert noch ein großes Abrechnungsbuch, aus dem hervorgeht, daß die Teilnahme an einem Abend 10 oder 20 Pfennig kostete. Mit diesen Beiträgen konnte nicht viel angeschafft werden; deshalb brachte Mutter unseren Stubenkinderwagen, unsere Wickelkommode und unsere Kinderbadewanne in den Kursraum. Eine große Puppe, die man baden und wickeln konnte, wurde angeschafft.

Diese Arbeit hat Mutter erfüllt. Vater ließ sie gewähren, denn er spürte, daß diese begabte Frau sie brauchte. Die Kinder waren herangewachsen, und im Haushalt gab es eine tüchtige Hilfe.

Sehr unterstützt wurde Mutter vom damaligen Esslinger Dekan Richard Lempp. Er stellte ihr in dem neuen evangelischen Gemeindehaus, das 1932 eingeweiht wurde, zwei Kellerräume für die Mütterschule zur Verfügung.

Noch ehe dieses schöne Gemeindehaus stand, veranstaltete

Mutter, als Bezirksvertreterin der Frauenabteilung des Evang. Volksbundes, Bezirksfrauentage im Lutherbau in Esslingen. Sie fanden meist am Sonntagnachmittag statt. Mutter begrüßte die Erschienenen, dann gab es einen Vortrag, danach war Kaffeepause, und dann wurde etwas aufgeführt oder ein Film gezeigt. In das neue Gemeindehaus, das mit seinem großen Saal und der Empore viel Raum bot, kamen 600 bis 700 Frauen aus Esslingen und dem ganzen Dekanat. Das mußten die Pfarrer erst einmal schlucken. Einer meinte einmal im Blick auf Mutter, andere würden das auch gerne tun: einen solchen Frauentag leiten. Er ahnte wohl nicht, welche Arbeit damit verbunden war. Ich sehe noch Mutter und mich mit einem alten Leiterwagen zum Alten Rathaus fahren, um dort dekorative Kleinmöbel zu holen, die die Bühne im Gemeindehaus bei einer Aufführung schmücken sollten. Ich, die Studentin, zog die Deichsel, und die Frau Oberregierungsrat schob hinten den Wagen und paßte auf, daß nichts herunterfiel. Und die viele andere Arbeit »hinter den Kulissen«: Frauen buken Kuchen, kochten Kaffee, schenkten ihn aus, spülten das Geschirr. Davor waren Einladungen zu schreiben, zu vervielfältigen, zu verteilen, Spenden zu sammeln, Redner einzuladen, alles Organisatorische vorzubereiten und zu überwachen. Alles Arbeiten von Frauen, die von den Pfarrern kaum gesehen wurden und auch heute, bei vergleichbaren Anlässen und anderen Diensten in der Gemeinde, kaum wahrgenommen werden, geschweige denn bedankt. Dabei ist dies ein Stück Lebens- und Glaubenszeugnis und auch ein tragender Bestandteil des Gemeindelebens.

So hat Mutter gearbeitet. Daneben hat sie weder ihren Haushalt noch die gesellschaftlichen Pflichten vernachlässigt, die sie als Ehefrau ihres Mannes hatte. Es konnte sein, daß am Samstag ein geselliger Abend im »Museum« in Esslingen stattfand. Die Eltern waren dort und tanzten bis nach Mitternacht, und am nächsten Tag war solch ein Bezirksfrauentag. Es gab gesellige Veranstaltungen zu Hause, die der Beruf des Vaters mit sich brachte. Und wir hatten fast täglich Verwandtenbesuche, denn Mutters Mutter lebte inzwischen bei uns, und sie hatte außer der

Tochter Amalie noch weitere elf Kinder, und andere Verwandte gab es ja auch noch. Mutter schaffte das alles. Sie war in jedem Bereich ganz sie selbst. Auch für uns Kinder war sie immer da und für die Freundinnen ihrer Töchter. Sie war aufgeschlossen für junge Menschen und suchte sie zu verstehen.

Und nun kam 1933 das »Dritte Reich«. Den Nationalsozialisten, speziell der NS-Frauenschaft, war die evangelische Mütterschule ein Dorn im Auge und sollte »gleichgeschaltet« werden. 1935, als der Kirchenkampf schon voll entbrannt war, wurde Mutter nach Stuttgart bestellt. Dort, in der »Gauleitung« der NSDAP, wurde ihr gesagt, sie müsse in die Partei eintreten, andernfalls werde man ihr die Mütterschule nehmen. In unserer Familie war niemand in der Partei. Mutter mußte dieses Gespräch damals ganz allein durchstehen. Mein Vater war schon zu alt, um sie zu begleiten, meine Schwester (sie war berufstätig) konnte nicht freinehmen, und ich war in Greifswald, wo ich Theologie studierte. Mutter erklärte, sie könne nicht in die Partei eintreten, sie könne nur vom Evangelium und von evangelischen Werten her arbeiten. Sie wußte nicht, was ihr passieren könnte, aber dies sagte sie und blieb dabei. Auf dem Heimweg liefen ihr die Tränen über die Wangen. Später erfuhren wir, Mutter sei auf die »Schwarze Liste« gesetzt worden, die Liste derer, die nach dem »Endsieg« liquidiert werden sollten.

Dann kam ein sehr scharfes Schreiben: Die Mütterschule müsse sofort an die NS-Frauenschaft übergeben werden, der schon ausgeschriebene Kurs, der in den nächsten Tagen beginnen sollte, dürfe nicht mehr gehalten werden. Meine Eltern gingen noch in derselben Nacht ins Gemeindehaus und holten unsere eigenen Sachen, den Stubenwagen, die Wickelkommode, die Kinderbadewanne und die Säuglingswäsche. Was aus Mitteln der Mütterschule angeschafft worden war, ließen sie natürlich dort. Der Esslinger Dekan Schlatter, unterstützt vom Kirchengemeinderat und dem Oberkirchenrat, sorgte dafür, daß die NS-Frauenschaft die Räume im Gemeindehaus nicht bekam, die sie gern gehabt hätte. Sie mußte sich andere Räume suchen.

In diese Jahre fällt auch die Namensänderung des Evangelischen Volksbundes. Dessen Name hatte einen politischen Klang gewonnen, und das gefährdete diese Laienbewegung. Sie wurde umbenannt in »Evangelischer Gemeindedienst«, die Frauenabteilung in »Evangelische Frauenhilfe«. Alle ihre Aktivitäten, auch die Frauen- und Mütterkreise und Frauenbibelstunden, wurden damit unter das kirchliche Dach gestellt. Mutter blieb in Esslingen Bezirksvertreterin, aber andere Frauen in dieser Funktion, sofern sie Geschäfts- oder Beamtenfrauen waren, wurden ausgetauscht durch Pfarrfrauen, die bereit waren, diesen Dienst zu übernehmen. Pfarrfrauen waren durch ihre Männer geschützt und gefährdet zugleich, aber ihnen konnte von der Kirche besser geholfen werden.

Obwohl Mutter auf die siebzig zuging, hat sie nach dem Krieg noch einmal von vorn angefangen. Die Stadt stellte ihr im Herbst 1945 die Räume der nun nicht mehr existenten NS-Mütterschule zur Verfügung. Sie waren leer. Mutter machte sich daran, sie wieder zu füllen. Sie ging in die Geschäfte und sagte: »Ich brauche für die Mütterschule Schaufel, Kehrwisch, einen Besen...« Und sie bekam, was sie brauchte. Rasch sprach sich herum, daß sie die Mütterschule wieder aufbauen wollte. Da wußte der eine: Die Nähmaschinen sind im Gefängnis, und der andere: Tische und Stühle sind in einem Vorort, in der und der Wirtschaft. Allen Hinweisen ging Mutter nach. Vom Oberkirchenrat erhielt sie ein Darlehen, um Kochherde und anderes zu kaufen. So wurde es möglich, daß die evangelische Mütterschule in Esslingen früher als alle anderen Mütterschulen, die inzwischen entstanden waren, schon im Januar 1946, ihre Arbeit wieder aufnehmen konnte.

Die Eltern zogen später nach Cannstatt. Dort starb unsere Mutter, nachdem sie dreizehn Jahre lang als Witwe gelebt hatte, am 13. Oktober 1962.

Bei unseren vielen Umzügen stießen meine Schwester und ich immer wieder auf das schöne Hochzeitsgewand unserer Mutter, von dem sie sich offenbar nicht trennen wollte. Wir schüttelten etwas verwundert unsere Köpfe: Was hat Mutter damit wohl im Sinn? Aber wir fragten sie nicht. Als sie und wir wußten, daß ihr Leben zu Ende ging, sagte sie uns, wir sollten ihr im Sarg ihr Hochzeitskleid anlegen. Erst als sie in diesem festlichen Gewand im Sarg lag, gingen uns die Augen auf, und wir begriffen: Als Braut Christi wollte sie heimkehren zu Gott. Landesbischof Haug nannte sie in seinem Kondolenzschreiben »eine Mutter der Kirche«.

Theologiestudium im »Dritten Reich«

Eine jüdische Lehrerin

Die Mädchenschule in Esslingen führte damals noch nicht zum Abitur. So besuchte ich nach der Konfirmation in Stuttgart das Königin-Katharina-Stift. Dort war ich sehr gern unter Oberstudiendirektor Mann und vielen hervorragenden Lehrerinnen und Lehrern, die uns den von ihnen vermittelten Wissensstoff interessant und wert machten. Ich war Theaterwart der Schule, vermittelte die Schülerkarten und ging selbst gern in Oper und Schauspiel. Mich interessierten die Menschen auf der Bühne und im Zuschauerraum. Ich wollte sie kennenlernen. Eine psychologische Wissenschaft gab es damals in Deutschland noch kaum. Doch wenn ich später als Theologin Menschen das Evangelium bringen wollte, so mußte ich doch Menschen kennenlernen, sie in ihren Wünschen und Sehnsüchten zu verstehen suchen. Daß ich Theologie studieren wollte, das war mein Geheimnis, über das ich vor dem Abitur nicht sprach. Nur meine Eltern wußten davon und unterstützten diesen Wunsch.

Am Königin-Katharina-Stift gab es moderne Sprachen und viel Naturwissenschaft mit praktischen Übungen und Arbeitsgemeinschaften, an denen ich Freude hatte. Doch das große Latinum konnte man dort nicht machen. So legte ich zwischen Abitur und Studium ein Sprachenjahr ein. Hebräisch lernte ich in den ersten großen Semesterferien.

Bei der Witwe eines hohen Staatsbeamten erlernte ich in Privatstunden die lateinische Sprache. In der ersten Unterrichtsstunde sagte sie mir, sie sei Jüdin. Sie fragte mich, ob mir das etwas ausmache. Ich sah sie sehr erstaunt an und begriff ihre Frage kaum. Wir hatten in unserer Abiturklasse einige jüdische

Mitschülerinnen. Das waren sehr begabte, stille und sympathische Menschen. Das sagte ich ihr. Außerdem, fügte ich hinzu, verbinde uns das Alte Testament, für das ich durch den Religionsunterricht eine große Vorliebe hätte.

Aber während meines Lateinunterrichts begann das Dritte Reich, und die systematische Verfolgung der Juden nahm ihren Anfang. Für mich waren es nur noch wenige Wochen, bis ich in Tübingen das große Latinum ablegen mußte. Inzwischen hatte ich auch schon – wieder in Privatstunden in Stuttgart – angefangen, Griechisch zu lernen. Meine Latein-Lehrerin erzählte mir, daß jetzt, wo Juden in immer größere Bedrängnisse gerieten, ein Prälat zu ihr gekommen sei und sie besucht habe. Das habe ihr sehr wohlgetan. Aber sie ahnte, daß Schweres auf sie zukomme, und sagte, sie könne meinen Latein-Unterricht nicht fortführen. Ich solle den Lehrer, der mir inzwischen Griechisch gab, fragen, ob er mich vollends zum Großen Latinum führe. Er tat es. Als ich sie bald darauf anrief und hören wollte, wie es ihr gehe, war sie nicht mehr in ihrer Wohnung. Später erfuhr ich, daß sie ihr Leben im Konzentrationslager hatte beenden müssen. Dankbar, aber innerlich sehr angefochten, denke ich an diese tapfere jüdische Frau, von der ich persönlich nur Gutes erfahren habe. An ihr wird mir beispielhaft deutlich, wie frevelhaft der Holocaust, dieser sinnlose Völkermord an den Juden war.

Später fand ich bei Martin Buber eine Aussage über das Verhältnis von Juden und Christen, die mir wichtig wurde. 1933 schrieb er: »Was ist uns Juden und euch Christen gemeinsam? Wenn wir es völlig konkret fassen: Ein Buch und eine Erwartung. Eure Erwartung geht auf eine Wiederkehr, unsre auf das unvorweggenommene Kommen. Wir können des einen Kommenden gemeinsam harren; und es gibt Augenblicke, da wir ihm gemeinsam die Straße bahnen dürfen. Vormessianisch sind wir schicksalsmäßig getrennt. Da ist der Jude für den Christen unverständlich als der Verstockte, der nicht sehen will, was sich begeben hat; unverständlich der Christ dem Juden als der Verwegene, der in der unerlösten Welt schon ihre vollzogene Erlösung behauptet. Das ist eine von keiner Menschenmacht überbrückbare Spaltung. Aber sie verwehrt nicht das gemeinsame Ausschauen in eine von Gott herkommende Einheit.«[1]

Studienbeginn in Tübingen

Nun war ich immatrikuliert. Dem bürokratischen Akt folgte eine Feier im Festsaal der Universität. Noch sehe ich mich auf der Empore stehen, als der Festzug der Professoren in ihrem farbigen Ornat einzog, gefolgt von den Chargierten der Studentenverbindungen. Ich fühlte mich glücklich, daß ich nun so weit war. Am späteren Nachmittag dieses Tages erlebte ich, wie das Treppenhaus der Universität gefüllt war von Studenten in ihren schmucken braunen SA-Uniformen. Voll Begeisterung sangen sie das Horst-Wessel-Lied, das ich noch nicht kannte. In der ersten Strophe heißt es: »Heute hört uns Deutschland und morgen die ganze Welt.« Mit meinen Ohren aber verstand ich etwas ganz anderes: »Heute *ge*hört uns Deutschland und morgen die ganze Welt.« Darüber erschrak ich zutiefst. Das ist doch eine Anmaßung, das ist Blasphemie! Die Welt gehört Gott, als ihrem Schöpfer und Erhalter, aber nicht den Nationalsozialisten. Damit war für mich klar: Das sind völlig getrennte Welten, da gibt es für mich keinen Konsens, auch nicht mit den Deutschen Christen. Ich hatte die ganze Mühe, Latein, Griechisch und Hebräisch zu lernen, und die ganze berufliche Unsicherheit, wie sie durch unsere Landeskirche vorgegeben war, ja nur deshalb auf mich genommen, weil ich Gott und sein Wort kennenlernen und mich ein Leben lang hauptberuflich damit beschäftigen wollte! Rückschauend denke ich heute, daß für mich dieses Hören damals etwas mit Pfingsten und mit dem Heiligen Geist zu tun hatte. Nach dem Johannes-Evangelium verheißt Jesus: Ihr werdet »die Wahrheit erkennen, und die Wahrheit wird euch frei machen« (Joh 8,31 ff.) und Joh 16,13: »Wenn aber jener, der Geist der Wahrheit, kommen wird, wird er euch in alle Wahrheit leiten.«

Als ich mich im Büro der Universität zur Immatrikulation

angemeldet hatte und mein Name in die Liste der Studierenden aufgenommen worden war, wurde sofort gesagt, es sei nicht sicher, ob der Führer erlaube, daß Frauen noch studieren. Wir müßten mit einer Zwangsexmatrikulation rechnen. Wir sind neun Monate lang (die älteren Semester hat das nicht betroffen), bis Weihnachten, jeden Morgen zuerst mit angsterfüllten Augen ans Schwarze Brett geeilt, ob da etwas steht. Ehe wir Studentinnen in die Weihnachtsferien fuhren, rief Professor Fezer, der damals Rektor war, alle Studentinnen zusammen und teilte mit, der Führer erlaube, daß Frauen studieren. Also hieß es nicht: Zurück an den Kochherd!

Jeder Studienanfänger und jede Studienanfängerin erhielt ein »Pflichtenheft der arischen Studierenden«. Darin wurden die für dieses Semester vorgeschriebenen Aufgaben testiert. Für das erste Semester waren drei Kurse vorgeschrieben. Ein Nachrichtendienst-Kurs, in dem wir morsen lernten und wie man mit einer Flagge Zeichen gibt. Der zweite war ein Giftgaskurs, in dem wir über die einzelnen Giftgase und ihre Auswirkungen informiert wurden. Der dritte Kurs, der mich wirklich interessiert hätte, fand nicht statt. Es wäre ein Kurs über Erste Hilfe gewesen. Aber dazu brauchte man eben Fachkräfte, und die waren nicht in der nötigen Anzahl vorhanden. Erst viele Jahre nach dem Studium habe ich ganz privat an solch einem Kurs teilgenommen. Es wurde gesagt, die Erlaubnis, weiterzustudieren, hänge von diesen Testaten im Pflichtenheft ab, das heißt, die Kurse waren Pflicht. Ich empfand diese Auflage als eine Zumutung, denn die Studenten vor uns hatten doch ihre Zeit gebraucht, um sich ein solides Fachwissen anzueignen. Später lernte ich das Wort kennen, das damals umging: »Wer ist ein Fachmann? Ein Fachmann ist ein Mensch, der jederzeit von einem PG (Parteigenossen) ersetzt werden kann.«

Im zweiten Semester, im Winter-Semester, konnte man zwischen verschiedenen Aufgaben wählen. Eine Kommilitonin hatte sich dafür entschieden, jede Woche einen Nachmittag lang einer Bäuerin in einem Dorf der Umgebung zu helfen. Sie mußte die Küche aufspülen. Dann stand ein großer Korb voller Socken und Strümpfe da, die geflickt werden mußten. Damals, als es noch keine Perlonstrümpfe gab, entstanden an den Zehenspitzen und an den Fersen große Löcher, die man zustopfen mußte. Da mußte man Längsfäden ziehen und dann mit Querfäden ein Gewebe zustandebringen. Das war sehr mühsam und zeitraubend. Die Studentin erzählte, wenn im Dorf eine Beerdigung sei, komme ihre Bäuerin später heim als die anderen Frauen, bei denen keine Studentin daheim arbeitete. Ihre eigenen Strümpfe sandte die Studentin ihrer Mutter heim, um Zeit für ihr Studium zu gewinnen.

Ich hatte mir eine andere Aufgabe herausgesucht. Ich sollte in diesem Wintersemester 25 Winternothilfsfamilien besuchen und darüber berichten. Das erschien mir sinnvoll, denn später gehörten Hausbesuche zu meinem Beruf. Das konnte ich jetzt lernen. An einen Besuch erinnere ich mich noch lebhaft. Die Frau führte mich ins Schlafzimmer an das Bettchen ihres Jüngsten. Der etwa Zweijährige lag in einem Kinderbett. Auf der Matratze war ein Leintuch, aber das Kissen und die Bettdecke waren nicht bezogen. Damit wollte die Frau mich wohl auf ihre Armut hinweisen. Ich begriff das nicht, sondern besann mich, was der Grund sein könnte, daß das Kind so im Bett lag. Von zu Hause war ich das anders gewöhnt. Ich zermarterte mir blitzschnell das Gehirn, was ich verständnisvoll sagen könnte. Daheim war über dem Inlett eines Kissens, in dem die Federn waren, ein »Schoner« aus feinem Batist, und erst darüber kam der Kissenbezug. Der Schoner wurde ein- bis zweimal im Jahr gewaschen, der Kissenbezug alle vier Wochen gewechselt. Der feine Batist riß leicht, und wenn monatlich unsere Hausschneiderin kam, die sich um das Weißzeug kümmerte, bekam sie solch einen Schoner, um den kleinen Riß zu flicken oder einen neuen Schoner anzufertigen. Und solange – also bis zum Abend – konnte ein Kissen ohne Überzug im Bett liegen. Aus dieser Erwägung heraus sagte ich möglichst einfühlsam: »Gelt, die Schoner? Die sind zerrissen?« Da lachte die Frau schallend: »Schoner! Schoner?«, und mit gutmütigem Spott fügte sie hinzu: »Narr, Frailein, Schoner! Des geits bei ons net!« Da hatte ich es und merkte, daß ich noch viel lernen mußte. Übrigens sagte mein Onkel, der Tübinger Alttestamentler Paul Volz, wenn jede von uns Studentinnen im zweiten Semester 25 Winternothilfsfamilien besuche, so viele Arme gäbe es gar nicht in Tübingen.

Nach dem dritten Semester sollte in den großen Semester-Ferien ein Einsatz von vier Wochen geleistet werden. Eine Kommilitonin meldete sich zum Ernteeinsatz. Dabei war sie ein asthenischer Mensch, nicht geschaffen für schwere körperliche Arbeit und außerdem sehr hübsch. Sie wurde im Polnischen Korridor eingesetzt. Vielleicht hat sie die weite Reise, die Möglichkeit, Städte und Landschaften kennenzulernen, gelockt. In dem Bauernhaus, dem sie zugeteilt war, wurde sie in ein Zimmer geführt, in dem zwei Betten standen. Dieses eine sei ihr Bett, wurde ihr gesagt. Wer in dem anderen Bett schlafe? fragte sie. Da schlafe der Sohn des Hauses, hieß es. Sie mußte sehr energisch werden, damit das Bett des erwachsenen Sohnes aus dem Zimmer entfernt wurde. Sicher hatte sie es nicht leicht, denn sie kam ganz erschöpft zurück und erholte sich lange nicht.

Da ich wußte, daß auch ich, konstitutionell bedingt, keinen schweren körperlichen Einsatz leisten konnte, bemühte ich mich, einen anderen, sinnvollen Einsatz zu finden. Dank der kirchlichen Beziehungen meiner Mutter kannte ich Dr. Kurt Hutten. Er war damals Schriftleiter und Geschäftsführer beim Evangelischen Presseverband für Württemberg. Ihn fragte ich, ob ich vier Wochen bei ihm hospitieren dürfe. Ich wollte lernen, wie man Zeitungsartikel schreibt, und die Möglichkeiten der evangelischen Presse kennenlernen. Es war eine interessante Zeit für mich, die später noch einmal wichtig werden sollte.

Auseinandersetzungen mit den Nationalsozialisten

Dies waren mehr die äußeren Schwierigkeiten. Viel größer waren die inneren Schwierigkeiten, die besonders das Theologiestudium in diesen Jahren begleiteten, aber auch die Studierenden anderer Disziplinen nicht unberührt ließen.

Das deutsche Volk litt unter einer wirtschaftlichen Depression. Durch die Inflation waren die Ersparnisse dahingeschmolzen. 1932 waren in Deutschland über 6 Millionen Menschen arbeitslos. Die Parteien waren zerstritten. Das vom Marxismus ausgehende Freidenkertum war kirchenfeindlich eingestellt. Ich erinnere mich, wie Dekan Richard Lempp, der Dekan von Esslingen, bei einem Pfarrkranz sagte, er wolle an jenem Abend in den Kugels-Saal, den größten Saal der Stadt, gehen. Dort sei eine kommunistische Versammlung. Er wolle versuchen, das Wort zu ergreifen; darum bat er, daß einige Kollegen ihn begleiteten. Das geschah auch. Es war nicht ungefährlich, als Kirchenmann in einer solchen Versammlung aufzutreten, damals 1931 oder 1932.

Am 30. Januar 1933 wurde Adolf Hitler Kanzler des Deutschen Reiches. Auf ihn richteten sich viele Hoffnungen, zum Beispiel die, daß er die Arbeitslosigkeit beseitige. § 24 des Parteiprogramms der NSDAP lautete: »Die Partei steht auf dem Boden eines positiven Christentums.« Das war für viele ein Grund, den Nazis zu vertrauen. Gerhard Schäfer kennzeichnet im Rückblick die Situation: »Christ sein im 20. Jahrhundert ist nicht möglich in der Pose des Siegers, in der Rolle dessen, der im verwirrenden Knäuel der politischen und sozialen, der kirchlichen und theologischen Fragen von vorne herein und stets das Rechte weiß und tut.«[2]

Die Glaubensbewegung Deutsche Christen war entstanden. Viele Pfarrer und Laien glaubten an eine Übereinstimmung von Nationalsozialismus und Christentum. Hitler wollte die evangelische Kirche, die in 28 Landeskirchen zersplittert war, als Reichskirche gleichschalten an das Gedankengut des Nationalsozialismus. Öffentlich wurde der Schein aufrechterhalten, »daß der Führer das Beste für die Kirche wolle und deren Bekenntnis schütze«.[3] Der Reichsbischof Ludwig Müller wurde im September 1933 als »Vertrauensmann des Führers« eingesetzt. In Tübingen setzte sich Professor Dr. Karl Fezer für die Deutschen Christen und für Ludwig Müller ein. In einer von ihm, als Rektor der Universität, einberufenen Studenten-Versammlung in einem der größten Hörsäle vertrat er die Meinung, er könne sich vorstellen, daß Ludwig Müller und der Führer gemeinsam die Knie zum Gebet vor Gott beugen würden.

Ich konnte mir das nicht vorstellen, denn schon im April 1933 war zum Boykott jüdischer Geschäfte aufgerufen worden. Die Judenverfolgung nahm ihren Anfang. Es gibt heute viele geschichtliche Darstellungen über Hitler und das Dritte Reich. Am klarsten hat Professor Dr. Karl Heim, Tübingen, einer meiner theologischen Lehrer, die Situation erkannt. In seinem Erinnerungsbuch »Ich gedenke der vorigen Zeiten«, das er kurz vor seinem Tod (1958) geschrieben hat, zeigt er, warum das Dritte Reich sich so verheerend ausgewirkt hat mit den vielen Greueltaten bis zur Vernichtung von 6 Millionen Juden. Deutlich stellt Heim fest: »Wer die Gerechtigkeit verletzt, der hat es mit Gott zu tun; denn er untergräbt die Grundmauern, die nach Gottes Ordnung das Leben aller Völker und Staaten tragen.«[4] Während des Dritten Reiches hat Heim das immer wieder in biblischen Vorträgen und Predigten betont. In seinen Erinnerungen beschreibt er Hitler als einen »Machtmenschen«, der das Recht auf eine neue Grundlage gestellt hat. Hitler machte sich selbst, seinen Willen und seine Macht zur Grundlage des Rechts. Der »Führer« war »die Quelle des Rechts«. Heim spricht in diesem Zusammenhang von dem geringen politischen Instinkt unseres Volkes, das sich »diesem Machtmenschen auf Gedeih und Verderb« ausgeliefert und nicht einmal die kleinste Sicherung gegen etwaige Fehlgriffe in die Staatsverfassung eingebaut habe. »In blindem Glauben an die Vollmacht des ›Führers‹« hätten sich die Stände diesem Mann ausgeliefert. Er spricht von den gutgeschulten Generälen, die sich dem Oberkommando dieses Gefreiten, der keine Kadettenschule durchlaufen habe, unterstellt haben. Die deutsche Intelligenz, die Universitätsprofessoren, hätten sich, schreibt Heim, »– wenn auch nicht ohne bemerkenswerte Ausnahmen –« einem Mann unterworfen, »der auf allen Gebieten reiner Dilettant geblieben war, der weder seine Schulbildung in Linz abgeschlossen hatte noch in Wien es zu einem geregelten Studium in irgendeinem Fach gebracht hatte«.[5]

Nach der Berliner Sportpalastversammlung am 13. November 1933 mit ihren Angriffen gegen Paulus und gegen das Alte Testament traten sehr viele Theologen und Laien aus der Glaubensbewegung Deutscher Christen aus. Ende September 1933 bildete sich unter Führung von Martin Niemöller der Pfarrernotbund. Schon Mitte September 1933 erschien ein Gutachten über den Arierparagraphen und seine Einführung in der evangelischen Kirche von der Theologischen Fakultät der Universität Marburg. Anfang Oktober 1933 folgte eine Erklärung »Neues Testament und Rassenfrage«, die auf Rudolf Bultmann zurückgeht und von Professoren und Dozenten der neutestamentlichen Wissenschaft der Universität Marburg herausgegeben worden ist. In diesem Zusammenhang ist noch die »Theologische Erklärung zur gegenwärtigen Lage der Deutschen Ev. Kirche« der ersten Bekenntnissynode in Barmen vom 30. bis 31. Mai 1934 zu erwähnen. Damals wußten wir noch nicht, daß der NS-Staat ab 1940 die »Vernichtung lebensunwerten Lebens« beginnen würde und der Staat sich als Richter anmaßte, zu entscheiden, wer leben darf und wer nicht.

Diese wenigen, keinesfalls vollständigen Angaben sollen etwas von der Spannung aufzeigen, in der wir Studierenden uns damals befanden. Ständig suchte man nach Informationen, denn diese kirchlichen Verlautbarungen konnten nicht öffentlich erscheinen, sondern nur »unter der Hand« verbreitet werden. Auch konnte man nicht offen über diesen Kirchenkampf und die damit zusammenhängenden theologischen und kirchenpolitischen Fragen sprechen. Im Blick auf seine Gesprächspartner mußte man vorsichtig sein. Mit der Vorsicht wuchs die Angst vor Übergriffen durch die Partei. Nicht nur wir Studierenden, auch all die Menschen, die nicht der Partei angehörten, waren zu wenig informiert – das war Absicht. Wissen ist Macht. Aber wenn man nicht informiert ist, und wenn es kein gültiges Recht gibt, werden Menschen hilflos gemacht, und ein berechtigter Widerstand tut sich schwer. Niemöller kam ins Konzentrationslager, Dietrich Bonhoeffer wurde umgebracht – das sind nur wenige Beispiele.

Im November 1934 predigte Karl Heim in der Stiftskirche in Tübingen. Er hatte als Text das Wort aus dem 99. Psalm: »Im Reich dieses Königs hat man das Recht lieb!« Hätte Heim in seiner Predigt offen die Rechtsbrüche angesprochen, die der NS-Staat sich damals schon hatte zuschulden kommen lassen auch durch anmaßende Übergriffe in das Leben der Kirche, so hätte er seine eigene Person gefährdet, vielleicht auch die ganze theologische Fakultät. Heim erzählte zwei Geschichten. Aus dem Alten Testament erzählte er, wie der König Ahab in widerrechtlicher Weise seinen Untertan Nabot um seinen Weinberg brachte und wie der Prophet Elia darauf dem König entgegentrat und ihm im Auftrag Gottes ankündigte, daß er und sein ganzes Königsgeschlecht ausgerottet werde. Als Gegenbeispiel erinnerte Heim an die Geschichte von dem Müller, dessen Windmühle unmittelbar neben dem Schloß von Sanssouci stand, das Friedrich der Große sich gebaut hatte. Der König wollte um jeden Preis dieses Grundstück, um seinen Schloßgarten zu erweitern. Aber der Müller wollte es nicht hergeben. So kam es zum Prozeß, und »der große König, der Preußens Macht begründet hatte, beugte sich unter die Gerechtigkeit und ließ die Mühle stehen«. In seiner Predigt fügte Heim hinzu: »Sie steht noch heute da zum Zeichen, daß es etwas gibt, was noch über allen Machthabern dieser Welt steht, das ist das ewige, göttliche Gesetz der Gerechtigkeit als heilige Ordnung und Grundlage alles menschlichen Zusammenlebens.« Obwohl kein Wort gegen die Machthaber der Zeit gefallen war, hatte doch jedermann verstanden, was die beiden Gegenbeispiele aufzeigen wollten, »wie Macht ohne Recht verdirbt und wie die Staaten allein leben von dem Fundament der Gerechtigkeit« (Köberle). Damals ist diese Predigt durch ganz Deutschland gegangen. Man hat sie abgeschrieben, heimlich nachgedruckt. Sie hat vielen Menschen die Augen geöffnet.

So waren wir Studierenden innerlich hin- und hergerissen. Wir erwarteten von unseren Professoren, daß sie uns in ihren

Vorlesungen Hilfe für diese Auseinandersetzungen gaben. Aber das konnten sie nicht, einmal, weil alles noch in Bewegung war, und andererseits, weil das zu gefährlich gewesen wäre. Und manchmal geschah es doch, so zwischen den Zeilen. Dafür waren wir dankbar. Ich habe eine Vorlesung »Einleitung in das Neue Testament« wohl belegt, aber nicht gehört, denn damals interessierte es mich wenig, wann, wie und durch wen eine neutestamentliche Schrift entstanden ist. Während dieser Vorlesungsstunden saß ich oben im Theologischen Seminar und erarbeitete für mich den Kommentar von Karl Barth zum Römerbrief. Später, als ich Religionsunterricht gab, mußte ich diese Einleitungsfragen für mich selbst nacharbeiten. Aber im Studium hatte ich wenig Sinn dafür. Dies dürfte für uns Studienanfänger damals wohl symptomatisch gewesen sein.

In meinem dritten Semester, dem Sommer-Semester 1934, wurde mir die Leitung der DCSB (Deutsche christliche Studentinnenbewegung) übertragen.[6] Der Grund, daß ich schon so früh mit dieser Aufgabe betraut wurde, lag wohl darin, daß ich keiner NS-Organisation angehörte. Viele Studentinnen waren 1933 wenigstens der NS-Frauenschaft beigetreten. Ich habe das nicht getan. Hatte Gott mich doch bis hierher gebracht, entgegen dem Wollen unserer Landeskirche, ihm wollte ich auch den Weiterweg überlassen und mich nicht den »Braunen« anvertrauen.

Dieses Sommersemester war sehr schwierig. Wir wollten Theologie studieren und mußten uns gleichzeitig mit dem Nationalsozialismus auseinandersetzen. Das erschwerte unser Studium. Eine Hilfe waren die offenen Abende beim Studentenpfarrer Dr. Ewald Burger und seiner Frau. Jede Woche gab es einen offenen Abend in seiner Wohnung. Jeder Abend hatte ein Thema, worüber er kurz referierte. Daran schloß sich eine lange Diskussion. Dazu gab es viele Brezeln. Wenn wenige Studenten und Studentinnen kamen, dann mußte die Familie Burger tagelang Brezelsuppe essen. Er hat uns in dieser Zeit auch durch seine Studentengottesdienste seelsorgerlich viel geholfen.

Das Gemeinschaftsleben in der DCSB war auch schwierig. Wir wollten jede Woche eine Bibelstunde haben, zu der wir nacheinander die Theologieprofessoren baten. Aber wir fanden keinen Abend für diese Bibelstunde, weil jede von uns an irgendeinem Abend der Woche Pflichtturnen hatte. Erst als es mir gelang, daß wir als eine geschlossene Gruppe an einem bestimmten Abend der Woche eine gemeinsame Turnstunde hatten, bekamen wir auch einen Abend für die Bibelstunde frei.

Ich hatte eine Wochenendfreizeit arrangiert. Thematisch ging es um unsere evangelische Kirche und unseren Glauben in dieser gegenwärtigen Zeit. Die Vortragsthemen waren sehr vorsichtig formuliert. Für Samstag hatte ich Dr. Kurt Hutten gewinnen können. Er war zunächst, wie Oberkirchenrat Wilhelm Pressel und Pfarrer Gotthilf Weber, den Deutschen Christen beigetreten. Damals überlegten sich tüchtige Theologen, daß sie durch ihren Beitritt vielleicht unliebsame Entwicklungen verhindern könnten. Diese drei leisteten theologisch derart Widerstand, daß sie am 18. Oktober 1933 von der Gauleitung der Deutschen Christen in Württemberg ausgeschlossen worden waren. Im Dezember 1933 erklärte auch Professor Fezer seinen Austritt aus den Deutschen Christen. Bei dieser Wochenendfreizeit sah Dr. Hutten sehr klar den Weg unserer Kirche und unseres Volkes. Er hatte Hitlers »Mein Kampf« gelesen. Als Pressemann analysierte er die Reden von Hitler und Goebbels und setzte sich mit dem »Mythus des 20. Jahrhunderts« von Alfred Rosenberg auseinander. Sehr ernst, innerlich selbst angefochten, sprach er zu uns. Für unsere Kirche und unser Volk sah er einen schweren Weg. Dr. Burger, der am Sonntag bei uns war, kam von seiner schönen, theologisch und seelsorgerlich guten Studentenarbeit her, die damals noch möglich war. Er sah alles viel hoffnungsvoller. Und wir Studentinnen der DCSB standen etwas hilflos dazwischen, ganz verschiedenen Zukunftsperspektiven ausgesetzt.

Mich bedrückte dies alles sehr. Wo war die Gemeinschaft, die eine christliche Studentinnenbewegung vermitteln sollte? Denn auch die Bibelstunden der Professoren waren biblisch-theologische Vorträge, die wir schweigend anhörten und an deren Schluß wir noch einige Fragen stellen konnten. Ein Gespräch um die Bibel, bei dem jedes den Bibeltext vor sich hat und gemeinsam daran gearbeitet wird, gab es damals nicht.

Sollte dieses Semester für die DCSB so zerrissen und in Spannungen zu Ende gehen? Ich ging zur Frau von Professor Heim, die ich sehr verehrte. Wir Studentinnen nannten sie, die kinderlose Frau, unter uns »Muttchen Heim«. In ihrer Wohnung in der Neckarhalde mit einem schönen, am Neckar gelegenen Garten gab es für mich immer eine offene Tür. Das war beglückend für mich. Nun ging ich zu ihr, erzählte von den inneren Schwierigkeiten in der DCSB und bat, daß sie und ihr Mann uns helfen, indem sie uns ein wirkliches Gemeinschaftserlebnis vermitteln. Wie ich mir das vorstelle? Nun entwickelte ich meine Bitte, daß Professor Heim und seine Frau uns Studentinnen der DCSB zu einem abendlichen Sommerfest in ihren Garten einladen. Am Nachmittag würde ich mit drei oder vier Studentinnen kommen. Wir würden alles vorbereiten und nachher wieder in Ordnung bringen, Stühle vom Gemeindehaus holen, den Garten mit Lampions schmücken. Die Bewirtung sollte ganz einfach sein, Saft, Sprudel und Brezeln. Wir Studentinnen wollten uns ein Programm ausdenken und vorher mit dem Ehepaar durchsprechen. Meine Bitte war, daß Professor Heim und seine Frau mit uns diesen Abend verbringen und daß er ihn mit einem helfenden, seelsorgerlichen Wort beschließe. Das Ehepaar sagte zu. Es war ein schöner Abend, an dem wir entspannt beieinander waren und uns an dem warmen Sommerabend freuten. Er begann mit einer von Professor Heim und mir angeführten Polonaise durch den ganzen Garten und endete mit dem, was er uns mitgab als Theologe und erfahrener Seelsorger, der sich neben seiner wissenschaftlichen Arbeit viel Zeit nahm für die Anliegen seiner Studenten.

Der Kirchenkampf ging weiter. Vom 6. bis 27. Oktober 1934 wurde über Bischof Wurm die Schutzhaft in seiner Wohnung verhängt. Gleichzeitig wurde eine Reihe von Dekanen in Württemberg für abgesetzt erklärt und durch kommissarisch von Reichsbischof Ludwig Müller eingesetzte Theologen, die Deutsche Christen waren, ersetzt.

In Esslingen, wo meine Eltern lebten, habe ich dies miterlebt. Auf diesen Samstag, 6. Oktober 1934, hatte mich ein Onkel, der Fabrikant und Kirchengemeinderat in Esslingen war, zum Volksfest eingeladen. Ich hatte mich schon darauf gefreut, denn da durfte ich nach Herzenslust Karussell fahren. Nun kam er, um mich mit seinem Auto abzuholen. Aber er sagte: Es ist nichts mit dem Volksfest. Dekan Schlatter ist abgesetzt. Ein Deutscher Christ ist eingesetzt worden. Im Auftrag des zweiten Stadtpfarrers soll ich zu allen Pfarrern im Dekanat Esslingen fahren und ihnen diese Nachricht schriftlich überbringen, damit sie sie im Sonntagsgottesdienst morgen abkündigen. »Ich kenne die Pfarrer nicht. Du mußt mir dabei helfen.« Als Theologiestudentin durfte ich am Pfarrkranz teilnehmen und war den Pfarrern auch durch die kirchliche Arbeit meiner Mutter nicht fremd. So fuhren wir los. Ich ließ ihn mit seinem eleganten Auto ziemlich weit entfernt vom Pfarrhaus parken und ging mit dem Zettel vom zweiten Stadtpfarrer zum jeweiligen Pfarrer.

Esslingen war als »das rote Esslingen« bekannt. Es gab Kommunisten (16 Prozent) und Sozialdemokraten (27 Prozent). Die NSDAP erhielt bei der Wahl am 5. 3. 1933 35 Prozent der Stimmen.[7] An diesem Samstagnachmittag habe ich erlebt, wie die Nachricht von der Absetzung Dekan Schlatters in wenigen Stunden durch Esslingen lief. Es gab viele kirchenfeindliche Elemente in der Stadt, aber auch viele treue Gemeindeglieder. Unter denen verbreitete es sich von Mund zu Mund, daß am nächsten Tag, dem 7. Oktober 1934, Dekan Schlatter nicht, wie geplant, in der Stadtkirche predigen werde, sondern in der Frauenkirche. In der Stadtkirche predige der DC-Pfarrer, der kommissarisch für Dekan Schlatter eingesetzt worden sei. Die Gemeindeglieder kannten einander und wußten, wem sie das sagen sollten und wem nicht. Am Sonntag waren SA- und SS-Leute in der Stadtkirche. Die evangelische Gemeinde war in der Frauenkirche und hörte die Predigt von Dekan Schlatter.

An einen anderen Gottesdienst erinnere ich mich, der strategisch gut vorbereitet wurde. Schon um 6 Uhr früh setzte sich der zweite Stadtpfarrer der Stadtkirche auf die Kanzel und harrte dort aus, bis um 9.30 Uhr Dekan Schlatter mit seiner Predigt begann. Ebenso früh waren von Sulzgries, wo Kurse für evangelische Jungbauern gehalten wurden, junge Bauern gekommen. Sie breiteten ihre frischen Sonntagstaschentücher auf den Stufen der Kanzeltreppe aus und setzten sich mit ihren krachledernen Hosen darauf. Der Kirchenmusikdirektor, der auf der fünfmanualigen Orgel den Gemeindegesang begleitete, hatte erklärt, wenn der Gottesdienst gestört werde, ziehe er alle Register und spiele Choräle, die die Gemeinde mitsingen solle. Der Gottesdienst verlief ohne Störung.

Im November 1934 wartete der kommissarisch eingesetzte DC-Stadtpfarrer vor der Stadtkirche, bis der Gottesdienst zu Ende sei, damit er mit seinen wenigen Deutsch-christlichen Anhängern anschließend einen Gottesdienst halten könne. Aber die Kirchengemeinde blieb in der Stadtkirche und sang einen Choral nach dem anderen, bis die Deutschen Christen weggegangen waren. In Esslingen war der kommissarisch eingesetzte DC-Stadtpfarrer »kläglich gescheitert«.[8]

Während der Zeit des Hausarrestes von Landesbischof Wurm stellte ein Stuttgarter Fabrikant ihm ein Büro mit Schreibkraft, Schreibmaschine und Vervielfältigungsapparat zur Verfügung. Da arbeitete ich auch mit während meiner Semesterferien und wurde von dort aus verschiedentlich zu Botengängen zum Landesbischof und zu Stuttgarter Pfarrern eingesetzt. – Zum Sommersemester 1935 verließ ich Tübingen und setzte mein Studium in Greifswald fort.

Die Situation der Theologinnen bis 1948

Eine aufschlußreiche Dienstbezeichnung

Als erste Theologin in Württemberg hat Elisabeth Mack 1927 in Tübingen ihre Erste theologische Dienstprüfung abgelegt. Drei Jahre vorher war dies in Tübingen noch nicht möglich. Lydia Schmid mußte zwei Studien absolvieren, Theologie und Philologie. Weil sie als Frau 1924 kein theologisches Examen in Tübingen machen durfte, hat sie ihr Theologiestudium mit einem theologischen Lizentiaten abgeschlossen. Ihr Philologiestudium konnte sie mit einem Examen beenden und hat dazu noch einen Dr. phil. gemacht. Aber der Kirchendienst stand ihr trotz dieser hervorragenden Ausbildung nicht offen. Sie ist dann Lehrerin am Königin-Katharina-Stift in Stuttgart geworden und war auch meine Lehrerin.

Elisabeth Mack bekam eine sehr interessante Dienstbezeichnung: »Höher geprüfte kirchliche Religionshilfslehrerin«. Diese Dienstbezeichnung macht die ganze Hilflosigkeit unserer Kirche gegenüber der Theologin deutlich. Zugleich läßt sie eine gewisse Intention erkennen. Ende der zwanziger Jahre gab es in unserer schwäbischen Landeskirche zu wenig Pfarrstellen und wenig Pfarramtskandidaten. Für den Religionsunterricht in der Schule wurden theologische Kräfte gebraucht. Hier konnten Theologinnen eingesetzt werden. Es war in der Kirche auch nicht anders als in anderen Berufen damals. Wenn nicht genügend Männer zur Arbeit vorhanden waren, dann wurden Frauen herangezogen. Hörte der Mangel an männlichen Mitarbeitern auf, wurden diese Frauen wieder entlassen. Ähnlich erging es auch den Theologinnen.

1929 haben Else Breuning und Dr. Renate Ludwig Examen

gemacht. Beim Examen durften sie nur vor dem Altar im schwarzen Kleid eine »Ansprache« halten. Da haben sich die Professoren der Praktischen Theologie, Fezer und Faber, erbarmt. Faber erklärte im Winter, er habe solch einen Schnupfen. Man möge nicht in der kalten Schloßkirche bleiben, sondern in die Sakristei gehen. In der Sakristei gibt es eine hohe Treppe mit einer Kanzel oben, über die man durch eine Tür die Kanzel in der Schloßkirche erreicht. Aber es gibt in der Sakristei keinen Altar. So blieb kein anderer Weg, als daß auch Else Breuning, wie ihre männlichen Kollegen, ihre Examenspredigt von der Kanzel aus hielt. Als sie die Kanzeltreppe wieder heruntergestiegen war, sagte ein Oberkirchenrat zu ihr: »Sie sind sich doch darüber klar, daß diese Kanzel in dem Augenblick, da Sie darauf gestanden haben, keine Kanzel war?« Sie konnte nur demütig nicken. Im übrigen war an der Tür der Schloßkirche ein großer Zettel angebracht: »Männer haben keinen Zutritt.« So mußte ihr eigener Vater wieder umkehren und durfte die Examenspredigt seiner Tochter nicht hören.

Schwierigkeiten hatte unsere Landeskirche auch bei der Zweiten theologischen Dienstprüfung, zu der Theologinnen in den dreißiger Jahren zugelassen wurden. Die Vikare hielten ihre Examenspredigt – selbstverständlich im Talar – von der Kanzel der Stiftskirche in Stuttgart. In der Kirche saßen ihre Angehörigen, auch ihre Bräute. Eine ältere Theologin erzählte mir, daß sie ihre Examenspredigt natürlich nicht von der Kanzel habe halten dürfen. Im schwarzen Kleid mußte sie (nur!) vor Oberkirchenräten in der Sakristei eine Ansprache halten. Als Text war ihr gegeben: »Herr, ich bin zu gering aller Barmherzigkeit und aller Treue, die du an mir getan hast« (1. Mose 32,18). Eine andere Theologin ergänzte diesen Bericht, gerade diese Theologin habe in ihrer Examensgruppe die zweitbeste Prüfung gemacht.

Nachdem die Hürde der Ersten theologischen Dienstprüfung genommen war, wurden im Sommer 1929 die ersten beiden Theologinnen angestellt. 1939 waren 15 Theologinnen an sieben Orten in Württemberg tätig.

Eine »Gebrauchsanweisung« für Theologinnen: Was sie durften und was nicht

Es war schwierig, diese Theologinnen in den Gemeinden einzusetzen. Das lag an der Gebrauchsanweisung, die der Oberkirchenrat ihnen für ihren Dienst in den Gemeinden mitgegeben hatte. Diese Gebrauchsanweisung richtete sich nicht nach der akademischen Ausbildung und der Ersten theologischen Dienstprüfung, die diese Theologinnen, ebenso wie ihre männlichen Kollegen, absolviert hatten. Sie entsprach mehr allgemeinen, soziologischen Vorstellungen über die Stellung der Frau in einer patriarchalisch strukturierten Gesellschaftsordnung.

Nicht erlaubt war den Theologinnen eine Predigt in irgendwelcher Form vor der ganzen Gemeinde. Verboten waren Taufen, Abendmahl, Beerdigungen und Trauungen. Damit war klar, daß eine Theologin nur zusätzlich in einer größeren Stadt eingesetzt werden konnte, niemals auf dem Land, etwa in einem Dorf.

Erlaubt war: Religionsunterricht, vorwiegend an Mädchenklassen, 14 bis 17 Stunden wöchentlich, manchmal an vier und mehr verschiedenen Schulen. Ferner Mitarbeit in der weiblichen Jugendarbeit, »monatlich einmal Bibelbesprechstunde im Evangelischen Arbeiterinnenverein, monatlich einmal Andacht und Unterhaltung im Töchterverein der Neckarvorstadt, Beteiligung am Kindergottesdienst ... Unterstützung des Schriftleiters des Gemeindeblatts, Seelsorge im Roten Kreuz und im städtischen Krankenhaus, einzelne Seelsorgefälle nach Zuweisung der Geistlichen, insbesondere des Dekans, Unterstützung des Dekans in einzelnen Fällen«. Befriedigt stellt der Dekan in seinem Bericht an den Ev. Oberkirchenrat vom 3. 9. 1930, betreff: »Kirchliche Religionshilfslehrerin«, am Schluß fest: »Damit ist jedenfalls für die nächste Zeit genügende Beschäftigung und Einführung der Religionslehrerin in die kirchliche Arbeit nachgewiesen.«

Dazu zwei Anmerkungen:

1. Das Gehalt der Theologinnen betrug 75 Prozent eines Vikarsgehalts, so daß sie nach zwei bis drei Jahren an ihrem Endgehalt angekommen waren.

2. Die Regelung, daß Theologinnen im Krankenhaus nur bei Frauen, Mädchen und Kindern Besuche machen durften, galt noch bis 1968. In der Klinik führte dies manchmal zu komischen Situationen. Die 18- bis 20jährigen Schwesternschülerinnen waren selbstverständlich auch auf Männerstationen eingesetzt, während ich – noch als 50jährige Theologin – einen Pfarrer holen mußte, wenn es sich um einen männlichen Patienten handelte. Da im Lauf der Zeit außer den Privatstationen auch die anderen Stationen gemischt belegt wurden, grenzte diese Verordnung ans Lächerliche und erforderte Takt und Humor.

Als ich mich vor Beginn meines Studiums beim Oberkirchenrat angemeldet habe mit zwei Zeugnissen (vom Konfirmandenpfarrer und vom Religionslehrer), sagte der Personalreferent mit einem beeindruckenden Augenaufschlag: »Die Theologinnen liegen mir Tag und Nacht auf der Seele. Aber ich habe keine Stellen.« Ich erwiderte: »Aber, Herr Oberkirchenrat, die Kirche hat Arbeit, für die sie geschulte Kräfte braucht.« – »Wie meinen Sie das?« Ich sagte: »All die ehrenamtlich arbeitenden Frauen in der Kirche werden aus Altersgründen aufhören, und dann brauchen Sie geschulte Kräfte.« Er entgegnete: »Sie mögen recht haben, aber Sie studieren völlig auf eigene Verantwortung. Ich habe keine Stellen.« So haben wir alle, wir waren 14, einige schon im Amt, die anderen noch im Studium, mit dieser Ungewißheit unser Leben gefristet.

Nachdem bis 1932 insgesamt acht württembergische Theologinnen in Tübingen die Erste theologische Dienstprüfung abgelegt hatten und 21 noch im Studium waren, kam 1933 folgende »Bekanntmachung des Ev. Oberkirchenrats wegen Zulassung von Abiturientinnen zum Theologiestudium«[1]: »Nachdem sich auch in diesem Jahr wieder eine größere Anzahl von Abiturientinnen zum Studium der evangelischen Theologie angemeldet hat, obwohl hinsichtlich der späteren Verwendung zur Zeit gar keine Aussicht besteht, kann bis auf weiteres keine Abiturientin mehr in das Verzeichnis der württ. Theologiestudierenden aufgenommen werden. Künftige Anmeldungen von Abiturientinnen zum Theologiestudium ... sind deshalb wertlos. Stuttgart, den 6. Juli 1933. Wurm.«

Betroffen macht der Ausdruck »wertlos«, denn dahinter verbirgt sich eine seltsame Wertung. Auch wenn eine Kirche glaubt, keine Verwendung für akademisch geschulte Frauen zu haben, müßte sie sich doch freuen, wenn junge Frauen die Heilige Schrift erforschen wollen und bereit sind, dafür alte Sprachen, Latein, Griechisch und Hebräisch, zu erlernen, obwohl sie zumeist aus Schulen kamen, in denen moderne Sprachen unterrichtet werden. Mit ihren im Studium erworbenen Gaben wollten sie in der Kirche dienen. Dabei waren diese Theologinnen sich bewußt, daß dies den Verzicht auf Ehe, Mann und Kinder bedeutete. Ihr Fehler bestand nur darin, daß sie keine jungen Männer waren. Und die Kirche damals konnte sich nicht vorstellen, daß Gott auch Frauen in den Pfarrdienst beruft.

So war ich die letzte aus dieser ersten Generation von Theologinnen, die noch vor dem Zweiten Weltkrieg studiert hat. Erst nach 1945 wurden wieder Abiturientinnen in diese Liste aufgenommen.

Der Grundsatz, daß den Theologinnen die Wortverkündigung nur vor Frauen und Mädchen erlaubt ist, führte zu merkwürdigen Überlegungen. Es wurde ernsthaft erwogen, ob man für Theologinnen Winter-Saison-Stellen schaffen solle. Dahinter stand die Erfahrung, daß im Dorf auf dem Lande nur im Winterhalbjahr eine Bibelstunde möglich ist, weil im Sommer die Frauen und Mädchen auf dem Feld und in den Gärten beschäftigt sind. Ich habe mir damals überlegt, was ich jeweils im Sommer tun könnte, und kam auf den Gedanken: Wenn ich als Serviererin in einen Urlaubsort im Gebirge ginge, hätte ich Arbeit und vielleicht auch ab und zu Gelegenheit, mich missionarisch zu betätigen.

Es war ein langer, mühsamer Weg für unsere Landeskirche, die es sich selbst und uns Theologinnen nicht leicht gemacht hat. Ihr Schriftverständnis, ihr Bemühen, Gott und der Bibel zu gehorchen, ihr Respekt vor dem Glauben des Pietismus, ihr Festhalten an der soziologischen und kirchlichen Tradition machten es der schwäbischen Landeskirche schwer, zu erkennen, daß Gott ihre Bitte, Arbeiter in seinen Weinberg zu senden, so erhörte, daß er auch einige junge Frauen rief.

Trotz aller oberkirchenrätlicher Warnungen an die Abiturientinnen, nicht Theologie zu studieren, wurde die Tätigkeit der Theologinnen von den Gemeinden, die der Einstellung einer Theologin zugestimmt hatten, positiv beurteilt.

Der Oberkirchenrat beschloß 1929, den Theologinnen, die trotz aller Warnungen in den Kirchendienst traten, im Einzelfall nur »das Notwendige über ihre Dienststellung und ihre Bezüge auszuschreiben«. Somit erfuhren die Theologinnen bei ihrer Anstellung, daß ihre Dienstbezüge noch nicht geregelt waren. Erika Reichle schreibt dazu: »Auf ständige Anstellung wurde ihnen nur mit größter Zurückhaltung Aussicht gemacht. Eine Definition ihrer Stellung im Vergleich mit den hauptamtlichen Religionslehrern oder den Geistlichen entfiel gänzlich. Es gab keinerlei Bestimmungen über Versorgung bei Dienstunfähigkeit (Kranken-, Invaliden- und Altersversorgung); sie wurden nicht einmal zu den Pflichtversicherungen angemeldet.

Solange sich die Theologinnen der Illusion hingaben, sie seien kirchliche Beamtenanwärterinnen – und das scheint immerhin bis 1938 und dann wieder seit 1945 der Fall gewesen zu sein –, kam ihnen diese Rechtsunsicherheit nicht zu Bewußtsein. Sie konnte im Gegenteil als Beweis für die nur nicht ausgesprochene Anwärterschaft auf ständige Anstellung als Beamtin betrachtet werden.«[2]

Die Vikarinnen erkannten erst 1938, als eine »Pfarrgehilfinnenordnung« verabschiedet und veröffentlicht wurde, daß sie arbeitsrechtlich nicht abgesichert waren. Ein Rechtsanwalt vertrat die Anliegen des Theologinnenkonvents gegenüber der Landeskirche. Diese reagierte sofort und nahm die Theologinnen rückwirkend in ein ordentliches Angestelltenverhältnis auf.

Ich habe mich besonnen, ob ich diese etwas befremdende Tatsache übergehen soll. Aber ich halte sie für charakteristisch für unsere Landeskirche damals und kennzeichnend für diese Theologinnen der ersten Generation.

Sehr deutlich wird, daß für unsere Kirche die Zeit für weitergehende Entscheidungen noch nicht gekommen war.

In der schwäbischen Landeskirche galt die als christlich erachtete und angeblich biblisch fundierte Tradition, daß die Bestimmung der Frau ist, zu dienen, und daß sie in der Ehe ihre Erfüllung findet. Darum wollte man alles in der Schwebe halten, weil anzunehmen war, daß diese Theologinnen auf natürliche Weise durch Heirat abgehen würden. Warum sollte man sich solche Mühe machen? Auch war sich der Oberkirchenrat darüber klar, daß er im Landeskirchentag mit dem Vorschlag, die Zukunft dieser Theologinnen abzusichern, auf große Schwierigkeiten stoßen würde. Ein derartig verstümmelter Dienstauftrag konnte beamtenrechtlich nicht abgesichert werden. Der Oberkirchenrat wußte nicht, daß Theologinnen bereit waren, um ihres Berufes willen auf Ehe, Mann und Kinder zu verzichten. Und er konnte nicht wissen, daß durch den Zweiten Weltkrieg Millionen Männer getötet wurden und entsprechend viele Frauen ihren Ehemann verloren oder gar nicht heiraten konnten.

Es spricht für diese Theologinnen, für ihre Demut und ihre Bereitschaft zu dienen, daß sie über viele Jahre hinweg in dieser schwierigen Situation ausgeharrt haben.

Nachdem ich die Erste theologische Dienstprüfung in Tübingen absolviert hatte, bekam ich ein handschriftliches Schreiben vom Oberkirchenrat, man habe keine Stelle für mich, vielleicht im Winter. Ich solle mein Orgelstudium – ich hatte längst eine kirchliche Orgelprüfung abgelegt – weiter ausbauen und Schreibmaschine schreiben lernen.

Im September 1939 begann der Zweite Weltkrieg. Viele Pfarrer und Vikare wurden zum Wehrdienst eingezogen. Meine Eltern hatten sich zum ersten Mal wieder einen Urlaub leisten können – während meines Studiums war dies nicht möglich gewesen. Ich begleitete sie. Da wurde ich telegrafisch aus dem Urlaub zurückgerufen. Wie schon berichtet, wurde ich als theologische Praktikantin in Münsingen eingesetzt.

Anfang April 1940 wurde ich nach Bad Cannstatt als »Pfarrgehilfin« versetzt. Das war nun die neue Amtsbezeichnung. Ich erhielt jetzt RM 120,– auf die Hand und als Wohngeld RM 33,–. Die Miete für das möblierte schattige Erdgeschoßzimmer, in dem ich wohnen, arbeiten und schlafen sollte, betrug RM 32,–. Ein Telefon hatte ich natürlich nicht. Aber im Nebenhaus wohnte im zweiten Stock eine Pfarrfamilie. Dorthin konnte eine dienstliche Nachricht für mich gegeben werden.

Eines Tages komme ich heim in das möblierte Zimmer. Meine Vermieterin war sehr aufgeregt und sagte, vom Arbeitsamt sei ein Mann dagewesen und habe gesagt, sie als kinderlose Witwe mit 70 Jahren beschäftige eine 26jährige Hausgehilfin (so hat das Arbeitsamt offenbar die »Pfarrgehilfin« verstanden). Das gehe doch nicht. Er müsse ihr diese Hausgehilfin nehmen und in eine kinderreiche Familie stecken. Ich habe mich ans Telefon gehängt, vom Nebenhaus aus ins Dekanat angerufen. Von dort ging es an den Oberkirchenrat. Und dann gab es auf höchster Ebene, zwischen Oberkirchenrat und Innenministerium, Telefonverhandlungen und unsere Arbeitsbücher wurden geschlossen. Das geschah mit der Begründung, Pfarrgehilfinnen seien dem Sinne nach Geistliche. Wir haben das über unsere Dekane erfahren, und es hat uns wohlgetan.

Das war aber auch notwendig, denn Hausfrauen wurden dienstverpflichtet und mußten in Fabriken arbeiten. Ich erinnere mich, wie mir eine Frau geklagt hat, daß das doch sehr schwer für sie sei. Da sitze sie am Sonntagvormittag an ihrem Arbeitsplatz in der Fabrik und müsse Kriegsmaterial herstellen. Sie höre die Kirchenglocken läuten und könne nicht hingehen. Ihrem Erzählen nach war sie vorher keine eifrige Kirchgängerin gewesen. Aber jetzt empfand sie alles anders. Ihr Mann war im Krieg. Jetzt hätte sie sich gerne Trost in der Kirche geholt. Nun war es kaum möglich.

Eigentlich hätte ich im Gymnasium Religionsunterricht geben sollen. Die Voraussetzung dafür war, daß ich einen Eid auf Hitler hätte ablegen müssen, was mir sehr schwer gefallen wäre. Ich befand mich in einer gewissen Pflichtenkollision: Wenn ich mich weigere, den Eid abzulegen, dann gibt es Schwierigkeiten, und ich kann keinen Religionsunterricht in der Schule halten. Wenn ich ihn ablege, dann ist das eine Möglichkeit, daß Schülerinnen in der Schule von Jesus hören. Aber irgendein cleveres Mitglied der NSDAP, wohl im Kultusministerium, muß erfaßt haben, wenn niemand mir den Eid abnimmt, dann kann ich in der Schule auch keinen Religionsunterricht halten. Christlicher Einfluß war damit ausgeschaltet.

So entstand eine neue Form. Schülerinnen des Gymnasiums wurden zu einer freiwilligen Arbeitsgemeinschaft morgens von 7.00 bis 7.45 Uhr ins Evangelische Vereinshaus eingeladen. Und sie kamen. Ich erinnere mich besonders an eine Klasse, in der viele Schülerinnen aus christlichen Elternhäusern kamen. Sie waren innerlich sehr aufgeweckt. An dieser Klasse gab der Schulleiter Weltanschauungsunterricht. Anscheinend muß er diese evangelisch erzogenen Schülerinnen so geärgert haben, daß sie mir fortlaufend empört darüber berichteten. Wir haben an Hand der Bibel und der Kirchengeschichte, wozu wir auch Luther gelesen haben, uns gemeinsam besonnen, was der von ihm vertretenen Weltanschauung entgegenzusetzen ist. Sie waren innerlich sehr dabei und haben das in der Schule so aktiv vertreten, daß der Schulleiter in dieser Klasse kapitulieren mußte. 1943 wurden dann alle Schüler und Schülerinnen aus Stuttgart und Cannstatt evakuiert.

Predigterlaubnis – eine Kann-Bestimmung im Zweiten Weltkrieg

Immer mehr Geistliche wurden zum Kriegsdienst eingezogen. Im August 1942 waren 51,3 Prozent aller »ständigen und unständigen Geistlichen« einberufen.[3] Darum erging schon 1941 ein Ausschreiben des Ev. Oberkirchenrats über »Kirchliche Versorgung der Gemeinden in der Kriegszeit«[4], in dem aufgefordert wird, »aus den Gemeinden selbst Hilfskräfte ausfindig« zu machen, wobei namentlich an Männer gedacht wurde. »Bei der Übertragung von Sonntagsgottesdiensten, Bibelstunden u. a. in verwaisten Kirchengemeinden an Laien ist sowohl ein Lesegottesdienst als ein Gottesdienst mit freier Wortverkündigung möglich.« – »Gottesdienste mit Abendmahlsfeiern sind von einem Geistlichen oder einer vom Oberkirchenrat ermächtigten Persönlichkeit zu halten.« Am 2. Februar 1942 ergeht eine »Verordnung über die Heranziehung von ständigen Geistlichen und Ruhestandsgeistlichen zur Kriegsstellvertretung«[5], nach der »die Geistlichen verpflichtet (sind), sich zur Vertretung von Geistlichen, die zum Wehrdienst ... eingezogen sind, auch außerhalb ihres Dienstbereichs verwenden zu lassen.« »Auch die Ruhestandsgeistlichen sind bis zur Vollendung des 70. Lebensjahres verpflichtet, sich ... wieder im Dienst der Landeskirche verwenden zu lassen.«

Und immer noch warteten wir Theologinnen, ob unsere Kirche uns ruft. Das geschah mit Erlaß vom 26. März 1942 (Nr. A. 2521), durch den die Dekanatämter ermächtigt werden, »im Bedarfsfall auch die Vikarinnen und Pfarrgehilfinnen ... zur Durchführung der sonntäglichen Gemeindegottesdienste heranzuziehen«. Zwei Unterschiede gegenüber der Beauftragung von Laien (Gottesdiensthelfern) fallen auf: »Eine solche Beauftragung bedarf jedoch des ausdrücklichen Einverständnisses des zuständigen Kirchengemeinderats und soll nicht weiter gehen als bis zur Versehung jedes zweiten Gemeindegottesdienstes im Wechsel mit dem zuständigen Pfarrer oder sonstigen Vertreter.« Neu ist, daß den Theologinnen nun auch »die Abhaltung von Tauf- und Abendmahlsfeiern in den von ihnen pastorierten Frauenabteilungen der Krankenhäuser gestattet« wird. Wie die Gottesdiensthelfer[6] dürfen auch die Theologinnen eine Kirchtaufe, eine Haustaufe oder ein Hausabendmahl vornehmen. Aber: »Die Mitwirkung bei Abendmahlsfeiern in den Gemeindegottesdiensten, sowie die Vornahme von Trauungen oder Beerdigungen steht den Theologinnen nicht zu.«

Trotzdem haben zwei Theologinnen während des Zweiten Weltkriegs ein Pfarramt auf dem Land versehen, mit allen Amtshandlungen.

Der Dekan hat mich sofort zu Kriegsbetstunden in der Stadtkirche eingesetzt, denn er sagte: »Sie müssen sich daran gewöhnen und die Gemeinde auch, wer weiß, wie wir Sie noch brauchen.« Diese Kriegsbetstunden fanden in der Stadtkirche täglich, außer Sonntag, von halb acht bis gegen acht Uhr statt. Der Dekan war immer dabei. Daran mußte ich mich auch gewöhnen, bis ich lernte, daß ich meinen Dienst vor einer anderen, nicht menschlichen, Instanz zu verantworten habe.

In Erinnerung ist mir noch ein Pfarrkonvent aus dieser Zeit. Die Cannstatter Pfarrer waren zur Dienstbesprechung im Dekanat versammelt. Am einen Ende des Tischs saß der Dekan in seinem Dekanssessel. Gegenüber am anderen Ende des Tisches saßen auf einem Sofa, als Gegenpräsidium, der erste und zweite Pfarrer einer anderen Kirche, zwei würdige Persönlichkeiten. Wir übrigen schlängelten uns so dazwischen. Es war so richtig hierarchisch. Der Dekan gab diesen Erlaß kund und sagte zu den Herren dieser Kirche, sie könnten mich jetzt auch einsetzen, zu Wochengottesdiensten zum Beispiel. Ich sehe noch, wie die beiden, ohne sich zu verständigen, sich knapp verneigten und wie aus einem Munde sagten: »Nein, danke, wir machen das lieber selbst!«

Der Vikar der Steinhalde war schon längst eingezogen. Die Gemeinde mußte von Cannstatt aus versorgt werden. Nun wollte der Dekan, daß ich hier eingesetzt werde. Aber es gab Schwierigkeiten, denn der dafür zuständige Kirchengemeinderat in Cannstatt konnte sich schwer dazu entschließen. Zwei Sitzungen waren nötig. Zur zweiten kam auch der Dekan, der vorher mit Prälat Hartenstein gesprochen hatte. Er brachte ein Schreiben von ihm mit, man möge mich einsetzen. Inzwischen waren weitere Pfarrer, auch der Krankenhauspfarrer, eingezogen worden. So entstand schließlich ein Kirchengemeinderatsbeschluß, wenn kein Mann zu finden sei, der den Gottesdienst in der Steinhaldenkirche halte, so daß der Gottesdienst entweder ausfallen oder abends gehalten werden müsse, was sich nicht bewährt hatte, dann könne ich eingesetzt werden. Und so geschah es.

Nun wollten meine Eltern, die mit mir diesen Weg über so lange Jahre hin gegangen waren und große Opfer für mein Studium aufgebracht hatten, solch einen Gottesdienst miterleben. Es war an einem Sonntag im Mai 1942. Sie wohnten in Esslingen und kamen mit der Eisenbahn in Cannstatt an. Ich hatte mein Fahrrad zu Hause gelassen und sie am Bahnhof abgeholt. Zusammen fuhren wir mit der Straßenbahn an die Obere Ziegelei. Aber von dort aus mußten die knapp zwei Kilometer zu Fuß zurückgelegt werden, wobei es tüchtig den Berg hinauf ging. Die Sonne schien. Es war wohl etwas schwül. Der Weg war für Vater weit. Er war schon über achtzig. Die Luther- oder Stadtkirche hätten näher gelegen. Aber erst viele Jahre später, Vater lebte schon nicht mehr, durfte ich in der Stadtkirche am Sonntagnachmittag einen Gottesdienst halten. Die Eltern hatten sich ganz hinten in die Kirche gesetzt, nahe beim Eingangsportal. Während meiner Predigt beobachtete ich, daß Vater immer blasser wurde. Er saß dann mit geschlossenen Augen da. Und plötzlich sah ich, daß er ohnmächtig wurde. Ein furchtbarer Schrecken befiel mich. Ich sah, wie einige Gemeindeglieder ihn hinaustrugen. Die Gemeinde wird es kaum bemerkt haben. Mutter ging mit. Ich wußte, sie tragen Vater jetzt in die Wohnung des Vikars und legen ihn dort nieder. Alles in mir wollte, daß ich die Kanzel verlasse und zu meinen Eltern eile, denn es konnte doch sein, daß mein Vater stirbt. Da wollte und mußte ich ihm doch beistehen. Aber ich hatte diesen Dienst, stand auf der Kanzel. Die Gemeinde kannte mich nicht. Es war vielleicht der zweite oder dritte Gottesdienst, den ich in dieser Gemeinde hielt. Auch sie mußte sich daran gewöhnen, daß eine Frau predigt. Wäre es meine Gemeinde gewesen, eine Gemeinde, deren Pfarrerin ich war, so wäre es selbstverständlich gewesen, daß ich es gesagt und die Gemeinde hätte ein Lied singen lassen und zu meinem Vater gegangen wäre. So wagte ich es nicht. Ich war froh, daß der Oberkirchenrat von seinen Pfarrern verlangte, daß sie jede Predigt wörtlich schreiben. Ich hielt mich an die von mir vorher aufgezeichneten Worte und war doch innerlich bei dem Geschehen, das sich außerhalb des Gottesdienstes vollzog. Ich konnte alles nur Gott befehlen. Plötzlich öffnete sich hinten die Eingangstür, Mutter stand unter dieser offenen Tür, strahlend lächelnd, und nickte mir zu. Da wußte ich, Vater lebt. So konnte ich diesen Gottesdienst in Ruhe zu Ende führen.

Nach dem Gottesdienst eilte ich zu Vater. Er lag noch, hatte sich aber doch schon etwas erholt. Wir überlegten, wie alles weitergehen sollte. Ich rief eine Arztfrau an, deren Mann als Offizier im Feld war. Sie hatte einen Vertreter für die Praxis, der auch das Auto ihres Mannes benützte. Ich fragte, ob dieser Arzt nach Vater schauen und ihn eventuell im Auto zum Bahnhof Cannstatt bringen könne. Denn es war Krieg und es gab keine Taxen mehr. Der Arzt hatte einen freien Sonntag, und die Arztfrau konnte nicht Auto fahren. Sie wollte aber helfen und rief zurück, sie habe einen Fahrer, mit dem sie um 18 Uhr, wenn es kühler sei, kommen wolle. Sie wolle sich selbst neben den Fahrer setzen, weil auf der Windschutzscheibe das Arztschild angebracht sei. Sie hoffe, in keine Kontrolle zu geraten. Wegen dieses Risikos könne ich nicht mitfahren, sondern solle zu Fuß den Weg zurücklegen. So haben wir es gemacht, und wir waren dankbar, als wir in Esslingen, wo es auch noch einen Fußmarsch gab, daheim gelandet waren. Für mich war es ein Tag, an dem ich viel Geborgenheit erfahren hatte.

Von da ab wurde ich häufig zum Gottesdienst in der Steinhaldenkirche eingesetzt.

Talar nicht vorgesehen

Schließlich waren mehr als 60 Prozent der württembergischen Pfarrerschaft eingezogen. In Cannstatt-Stadt, wo es heute 25 Theologenstellen (einschließlich der Vikars- und Lehrvikariatsstellen) gibt, waren noch fünf Pfarrer und ich; der Dekan und ein Pfarrer an der Stadtkirche, zwei Pfarrer an der Lutherkirche und einer auf der Steig. Außer in diesen drei Hauptkirchen mußte an jedem Sonntag in der Andreägemeinde, der Wichern- und in der Steinhaldenkirche Gottesdienst gehalten werden, dazu in Luginsland, weil der dortige Pfarrer nur von Dienstag bis Freitag in seiner Gemeinde tätig sein konnte und von Freitagabend bis Montagabend in einer Gemeinde im Remstal Dienst tun mußte.

Urlaubs- und Krankenstellvertretung mußte auch geleistet werden. Da war ich mit meinem Fahrrad ganz geschickt einzusetzen. An einem Samstagvormittag ruft mich der Dekan so gegen 10 Uhr ans Telefon, ein Pfarrer im Dekanatsbezirk sei im Urlaub, sein Stellvertreter sei erkrankt, ich müsse morgen in diesem Dorf einen Gottesdienst halten. Eigentlich wäre dies nach vielen Wochen einmal ein freier Tag gewesen, denn diese wurden immer seltener. Doch das kümmerte mich nicht, auch nicht, daß ich in dieser kurzen Zeit noch eine Predigt zustandebringen sollte. Ich fragte: »Gibt es dort eine Hahnsche oder Altpietistische Stunde?« Da hätte ich mich gefürchtet, weil ich deren ablehnende Haltung gegenüber uns Theologinnen kannte. Der Dekan beruhigte, nein; doch gebe es dort einen Kirchenpfleger, der habe einen Tersteegenkopf, dem werde er es noch mitteilen. Ich bat: »Ach, sagen Sie ihm doch, er möge vorher zu mir in die Sakristei kommen.« Er kam. Ich war im schwarzen Kleid, superschlank, wie ich in diesen Hungerjahren war; wahrscheinlich sah ich aus wie eine Konfirmandin. Drum sagte ich zu ihm: »Herr Kirchenpfleger, eine Theologin, das ist für Sie und die Gemeinde neu. Mir fällt es auch nicht leicht, den Gottesdienst hier zu halten. Aber wir müssen das nun miteinander tun, denn sonst hätte der Gottesdienst ausfallen müssen. Kommen Sie doch nach dem Gottesdienst noch einmal herein.«

Schon vorher hatte ich in die Kirche hineingesehen und festgestellt, daß eine sehr hohe Treppe zur Kanzel hinaufführt und man die Gemeinde im Rücken hat, wenn man die Treppe hochgeht. Also stieg ich, als die Gemeinde die dritte Strophe zu singen begann, mit meinen Büchern unter dem Arm die Kanzeltreppe hinauf. Ich hatte die Treppe zur Hälfte erklommen, da fing auf einmal alles an zu schwanken. Ich wußte nicht, was geschieht. Geht die Welt unter? Der Gemeindegesang schwankte und brach plötzlich jäh zusammen. Es war totenstill in der Kirche. Mir war nur eines klar: Haltung bewahren! Schritt für Schritt ruhig und würdig hinauf!

Was war geschehen? Schon in der Sakristei hatte ich gemerkt, daß da einer mit seiner kräftigen Stimme den Gemeindegesang führt, mehr als mit der Orgel. War der Organist einarmig oder hatte er nur ein Bein? Ich weiß es nicht. Auf alle Fälle hatte man versäumt, ihm zu sagen, daß eine Theologin predigt. Da blieb ihm einfach die Luft weg. Und so fiel der ganze Gemeindegesang zusammen. Sie haben sich allmählich dann wieder von ihrem Schreck erholt. Zögernd setzte der Gemeindegesang wieder ein, nachdem sie wahrgenommen hatten, daß ich mit Würde die Kanzeltreppe hinaufging.

Als ich oben angekommen war, erschrak ich zum zweiten Mal. Gegenüber der Kanzel, nur wenig tiefer, war die Empore. Auf ihr saßen die Männer, näher dem Himmel als die Frauen, die unten im Schiff saßen. Und zwischen den Männern saßen Soldaten, Urlauber, in ihren Uniformen, und ich stand auf der Kanzel mit meinem Konfirmandenkleidchen.

Ich habe dann gepredigt. Unten im Schiff saß eine Frau, dicht verschleiert. Wahrscheinlich war sie eben erst Kriegerwitwe geworden. Ich habe in dieses versteinerte Gesicht hineingepredigt. Und schließlich hat sie ihren Schleier zurückgeschlagen und hat heraufgeschaut. Dieses versteinerte Gesicht wurde gelöster.

Nachher in der Sakristei kommt der Kirchenpfleger auf mich zu. Ich habe ihn wohl ein bißchen fragend angeschaut. Da streckt er mir die Hand entgegen und sagt: »'s isch reacht gwae!« Das schönste Lob, das ich je bekommen habe.

Aber mir wurde klar: So kann das nicht weitergehen, daß da ein Gemeindegesang zusammenbricht. Ich brauche einen Talar, der mich schützt und als Amtsträgerin ausweist. Es kamen dann Zeiten, in denen ich im Monat, wenn es wenig war, 17 Gottesdienste, wenn es viel war, bis zu 24 Gottesdienste gehalten habe, neben der ganzen Krankenhausseelsorge, die mir übertragen war, und all dem, was sonst anfiel. Auch war mir klar, daß mein schwarzes Wollkleid bei den weiten Wegen – Mühlhausen, Luginsland, meist mit dem Fahrrad unterwegs –, besonders wenn es im Sommer heiß ist, das gar nicht aushält.

Ich fuhr zu einer befreundeten Pfarrwitwe, deren Mann im Krieg gefallen war. Er hatte etwa meine Konfektionsgröße. Ihr erzählte ich alles und bat sie, mir den Talar ihres Mannes zu leihen. Sie gab ihn mir. Eine Schneiderin machte ihn für mich ein wenig zurecht. Beffchen wagte ich natürlich nicht zu tragen. Sie fertigte einen kleinen weißen Kragen für mich.

Nun ließ ich mir einen Termin beim Dekan geben. Als ich zu der angegebenen Zeit kam, sah ich, daß die Frau Dekan auch anwesend war, im Dienstzimmer des Dekans. Auch die Dekansfrauen mußten sich daran gewöhnen, daß eine Theologin zu einem dienstlichen Gespräch zu ihrem Mann kommt. Da war es nach Meinung mancher Dekansfrauen doch besser, sie waren dabei. Das habe ich öfter erlebt. Selbstverständlich waren sie nicht dabei, wenn ein Pfarrer um einen Gesprächstermin beim Dekan bat. Ich erwähne dies nur, weil es auch hier um Lernprozesse ging.

In diesem Fall war es gut, daß die Frau Dekan dabei war. Ich berichtete von den Erfahrungen in diesem Gottesdienst und von den Problemen, die es bei den Radfahrten mit dem schwarzen Wollkleid gab, und zog den entliehenen Talar an. Natürlich habe ich alles etwas dringlich gemacht, so zum Beispiel, daß es ihm, als Dekan, schwer gelingen werde, für mich Stoffpunkte zu bekommen für den Kauf eines schwarzen Wollstoffes, wenn dieses Kleid nicht mehr zu gebrauchen sei. Man brauchte damals für alles Bezugsscheine. Der Dekan schien beeindruckt, wohl auch, weil er wußte, wie nötig er meinen Dienst brauchte. Aber da griff die Frau Dekan ein: »Friedrich!« sagte sie, »Friedrich, du kannst doch das nicht erlauben!« Recht hatte sie. Das überstieg die Kompetenz eines Dekans. Das erkannte auch ich. Was nun? Ich schlug vor: Wollen wir nicht Prälat Hartenstein fragen? War man doch in der Mission, woher er kam, in der Frauenfrage immer ein wenig voraus gegenüber den Kirchengemeinden. So schlug ich vor: In der nächsten Woche treffe ich ihn in einer Sitzung. Ich lasse mir von ihm einen Termin geben. Er soll entscheiden.

Darauf einigten wir uns. Bei meiner Anfrage an Prälat Hartenstein hatte ich ihm selbstverständlich auch den Zweck meines Besuches gesagt. Als ich zu dem vereinbarten Termin kam, bat er mich, noch einen Augenblick zu warten, bis er einen Brief zu Ende diktiert habe. Als er kam, um mich in sein Studierzimmer zu holen, stand ich vor ihm im schwarzen Talar. Ich erkannte sofort, daß er für diese Frage aufgeschlossen war. Ich berichtete dann; wir sprachen über die Probleme, auch darüber, daß der Oberkirchenrat dagegen war. Hartenstein faßte seine Meinung dahingehend zusammen, er sehe ein, wenn man einen derartigen Einsatz von uns erwarte, könne man uns das Tragen eines Talars nicht verwehren. Ich solle den Talar tragen und mich auf ihn berufen. Auch solle ich meinen Kolleginnen sagen, sie sollten zum Predigtdienst auch den Talar tragen und sich auf ihn berufen. Das war im Juni 1943.

Das Kirchliche Gesetz über den Dienst der Theologinnen vom 10. November 1948 brachte die Erlaubnis, eine Amtstracht zu tragen. § 7: »Bei Amtshandlungen, bei denen der Geistliche den Talar trägt, trägt die Theologin eine ähnliche, vom Oberkirchenrat genehmigte Amtstracht.«[7] Damals war Oberkirchenrat Dr. Erich Eichele Personalreferent im Oberkirchenrat für die ständigen Theologen. In ihm hatten wir Theologinnen einen verständnisvollen Fürsprecher. Über den Theologinnenkonvent rief er diejenigen von uns, die schon seither irgendeine Amtstracht getragen hatten, zu einer Besprechung in den Oberkirchenrat. Es kamen nur wenige. Ich allein trug den Talar. Anscheinend war es den übrigen nicht möglich gewesen, von dem Angebot Prälat Hartensteins Gebrauch zu machen, sei es aus persönlichen Gründen oder wegen der Umstände an dem Dekanatsort, dem sie zugeteilt waren. Ganz wenige hatten einen individuellen Versuch gemacht. Ich erinnere mich an ein schwarzes, kimonoartiges Gewand, es war lang und weit. An einem schwarzen Samtband trug die Theologin ein Kreuz aus Granatsteinen. Eine andere trug ein knöchellanges, schlicht wirkendes Festgewand, das vorn mit vielen kleinen Stoffknöpfen geschlossen wurde. Rasch wurde uns allen klar, daß der Talar eine überzeugende und bewährte Amtstracht ist. Er verhüllt die Figur – »hier ist nicht Mann noch Frau; denn ihr seid allesamt einer in Christus« (Galater 3,28) – und weist auf das Amt hin, wie es etwa die Abendmahlsliturgie tut: »Als ein verordneter Diener der christlichen Kirche verkündige ich euch...« »Dienerin« hätte das bei uns Frauen heißen müssen. Aber unsere schwäbische Landeskirche war noch nicht so weit, einzugestehen, daß es aufgrund biblischer Exegese auch heißen kann und darf: »Als eine verordnete Dienerin der christlichen Kirche...« Aber gerade dies machte unseren Dienst so schwer, weil die Kirche uns Theologinnen diese Legitimation lange Zeit versagt hat. Um diese persönliche Beauftragung mußte dann, oft noch in der Sakristei, innerlich im Gebet gerungen werden, ehe der Schritt auf die Kanzel gewagt werden konnte. Johanna Binder, die Leiterin der Paramentenwerkstatt, erhielt den Auftrag, für den Talar der Theologinnen ein anderes, fraulich gestaltetes Beffchen anzufertigen.

Arbeit mit Frauen und Kindern

In diesem Zeitraum bis 1948 ist einiges noch erwähnenswert. Nach der Gebrauchsanweisung des Oberkirchenrats für uns Theologinnen hätte die »Mitarbeit« in Frauenkreisen zu unseren Aufgaben gehört. Aber dies war inzwischen die Domäne der Gemeindepfarrer, denn im »Dritten Reich« und während des Zweiten Weltkriegs gab es keine Männerarbeit in den Gemeinden. Und die Treue der Frauen, die trotz der Partei in die Frauenkreise kamen, tat den Pfarrern wohl. Einmal durfte ich Pfarrer Frank im Frauenkreis vertreten, weil er verhindert war. Er war damals noch dritter Pfarrer an der Lutherkirche, mir sehr wohlgesonnen, und hat meinen Weg amtsbrüderlich begleitet. Es war im Frühsommer 1943. Der Frauenkreis machte seinen Sommerausflug. Die Frauen wanderten zur Steinhaldenkirche und tranken dort Kaffee. Danach sollte ich eine Andacht halten. Ich weiß noch, daß ich mich sehr gründlich vorbereitet und eine Liedbesprechung über ein Lied von Paul Gerhardt gemacht habe.

Am nächsten Vormittag saß ich im Studierzimmer von Frank,

berichtete von diesem Nachmittag und fragte ihn dann: »Wem wollen Sie eigentlich in zehn bis fünfzehn Jahren predigen?« – Großes Erstaunen: »Wieso?« – »Diese Frauen sind in einem Alter, daß sie in zehn bis fünfzehn Jahren in einem Altenheim sind oder schon nicht mehr leben. Wem wollen Sie dann predigen und mit wem wollen Sie einen Frauenkreis halten?« – Keine Antwort. – »Sie brauchen einen Jungmütterkreis. Ich möchte solch einen Kreis anfangen.« Und nun erzählte ich von der Jungmütterarbeit meiner Mutter in Esslingen. Das leuchtete Frank ein. Er wolle das mit dem zweiten Pfarrer der Kirche besprechen, der sei sicher dafür zu gewinnen, aber zum ersten Pfarrer der Kirche müsse ich dann selbst gehen. Dies tat ich auch. Die beiden Pfarrer hatten mir geraten, ich solle klugerweise nur darum bitten, einmal junge Frauen an einem Nachmittag einzuladen. Ich hatte eine gute Rednerin gewonnen, und meine Mutter war von Esslingen gekommen und saß als liebevoll-kritische Lehrmeisterin unter den Frauen. So entstand 1943 der Jungmütterkreis der Lutherkirche, der erste in seiner Art in Cannstatt.

Aus ihm entwickelte ich dann nach dem Krieg und nachdem ich selbst meine tiefenpsychologische Ausbildung begonnen hatte, Elternseminare. Diese Weiterbildung erstreckte sich berufsbegleitend über Jahre hin, auch im Zusammenhang mit dem damaligen Institut für Tiefenpsychologie und Psychotherapie, und schloß eine große Analyse bei einer Lehranalytikerin ein. Eine Berufsausbildung mit Abschluß war für Theologen damals, vom Institut aus, noch nicht möglich. Aber dadurch hatte ich Kontakt zu interessanten Persönlichkeiten, Psychologen und Ärzten, die im Rahmen dieser Elternseminare Vorträge über Ehe- und Erziehungsfragen hielten. Anschließend gab es lebhafte Aussprachen. Da ich viel in die Werbung investierte und derartige Angebote damals noch selten waren, kamen viele Eltern auch aus Bereichen außerhalb von Cannstatt. Im Gespräch war zu spüren, daß die einzelnen Väter und Mütter es als eine Hilfe empfanden, daß offen und sachlich über Schwierigkeiten gesprochen werden konnte. Die Psychologie hat geholfen, daß Vorgänge, die früher als tabu galten, über die man nicht sprechen durfte und auch nicht konnte, weil einem die Worte fehlten, nun angesprochen wurden. Es wuchs die Erkenntnis, daß durch Verdrängen kein Problem gelöst wird. Aber das gemeinsame Nachdenken half, und oft wurden hilfreiche Erfahrungen erzählt. Väter und Mütter empfanden es als eine Hilfe, wenn sie merkten, daß andere Eltern auch unsicher waren und sich fragten, ob und wie sie es ihren Kindern oder ihrem Ehepartner gegenüber recht machen.

Die Kindergottesdienstarbeit lag in den Händen des Stadtmissionars. Als er Anfang der vierziger Jahre starb und kein Nachfolger zu bekommen war, wurde mir diese Aufgabe übertragen, natürlich nur in Form einer Mitarbeit. Offiziell hatte Frank die Leitung. Aber er hat mir große Freiheit gelassen. Inzwischen war er erster Pfarrer geworden.

Nach 1943, als die Schulkinder evakuiert waren, kamen nur noch ganz wenige Vorschulkinder. Aber diese Handvoll kleiner Kinder wurde in großer Treue von unserer ältesten Kinderkirchhelferin, Martha Müller, ganz selbständig jeden Sonntag betreut. Die noch in Cannstatt verbliebenen Pfarrer und auch ich hatten keine Zeit, uns darum zu kümmern. Sonntags erzählte sie ihnen eine biblische Geschichte. In großer Dankbarkeit denke ich an diesen treuen Dienst.

1945, nach dem Ende des Zweiten Weltkriegs, der zugleich das Ende des »Dritten Reiches« herbeiführte, dieses Reiches, das angeblich tausend Jahre hätte währen sollen, suchten viele Menschen die Kirchen und ihre Gottesdienste. Viele waren enttäuscht, Ideale waren zerbrochen, die Not und das schwere Kriegsgeschehen mußten innerlich verarbeitet werden, die Frage nach dem Sinn dieses Lebens war aufgebrochen. Große Fragebogen mußten ausgefüllt werden, als Voraussetzung für eine spätere Entnazifizierung. Viele wurden wegen ihrer Parteizugehörigkeit entlassen oder mußten in ein amerikanisches Straflager. Viele Soldaten kamen aus dem Krieg und fanden zu Hause völlig veränderte Verhältnisse vor. Da, wo sie der Herr im Haus, der Chef im Handwerk gewesen waren, hatten ihre Ehefrauen einspringen und sich einarbeiten müssen, um sich und die Familie durchzubringen. Frauen hatten Verantwortung übernehmen müssen und zusätzlich Männerarbeit getan. Für viele bedeutete das, daß sie ihr Leben und ihre Ehe ganz neu miteinander aufbauen mußten. All diese Verunsicherungen mögen mit dazu beigetragen haben, daß viele Menschen die Gottesdienste der Kirche besuchten. Auch viele Kinder kamen zum Kindergottesdienst. Ihre Eltern hielten das für wichtig.

Auf diese Kriegserfahrungen möchte ich deshalb noch etwas ausführlicher eingehen und im Zusammenhang damit auch meinen Wirkungsort, Bad Cannstatt, genauer vorstellen.

Aus dem kirchlichen Leben in Bad Cannstatt bis zum Ende des Zweiten Weltkriegs

Aus der Vergangenheit von Cannstatt und Stuttgart

Nicht immer war Bad Cannstatt ein Stadtteil Stuttgarts. Die Geschichte von Cannstatt reicht wesentlich weiter zurück als die der heutigen Landeshauptstadt. Gräberfunde, die 1934 und 1937 beim Bau der Steinhaldensiedlung gemacht wurden, belegen, daß sich schon etwa 600 bis 500 v. Chr. Kelten in Süddeutschland ausgebreitet hatten, auch im Gebiet des späteren Cannstatt.

Am Ende des ersten Jahrhunderts n. Chr. erreichten die römischen Truppen von Straßburg aus den Neckar. Die Römer erkannten die strategisch wichtige Verkehrslage des Höhenrükkens auf der linken Neckarseite mit der weiten Sicht ins Neckar- und Remstal hinein und errichteten in den Jahren 85 bis 90 an der Stelle der späteren Reiterkaserne ein Kastell. Von dort gab es Straßenverbindungen zu den Provinzhauptstädten Mainz und Augsburg und zu dem Legionslager in Straßburg. Eine zivile Siedlung und römische Gutshöfe entstanden. Ohne Zweifel haben die Römer auch die überreichen heilkräftigen Quellen entdeckt und geschätzt. Zahlreiche Funde aus dieser Zeit, die ein anschauliches Bild des täglichen Lebens vermitteln, finden sich in unseren Museen.

Um das Jahr 260 geht die Römerherrschaft rechts des Rheins zu Ende. Germanen – Alemannen – wandern nach Süden. In den folgenden Jahrhunderten entstehen alemannische Gutshöfe und Siedlungen auch auf dem Gebiet des späteren Cannstatt. Um 500 werden die Alemannen von den Franken angegriffen und besiegt. Unter deren Herrschaft kommen christliche Sendboten ins Land. Um 650 wird neben dem Römerkastell eine Kirche gebaut und erhält den Namen des Lieblingsheiligen der Franken, Martin von Tours. Die Martinskirche ist mithin die älteste Kirche in Cannstatt, *die* Pfarrkirche für die christlichen Bewohner auf der linken Neckarseite bis nach Hedelfingen, später auch für die christlichen Bewohner Stuttgarts.

Die Uffkirche, neckaraufwärts auf der rechten Seite des Flusses, ist der Maria geweiht. Sie wurde vermutlich in der frühen Karolingerzeit erbaut, auch im Zusammenhang mit einer Siedlung, und war für die Dörfer rechts des Neckars zuständig.

Um das Jahr 700 findet sich die erste Nennung Cannstatts in einer Schenkungsurkunde des Klosters St. Gallen. Der Name Cannstatt wird auf ein keltisches Wort zurückgeführt (can = Hügel, statt = Stadt).

Die Martinskirche behielt als Pfarrkirche eines weiten Sprengels bis ins hohe Mittelalter ihre überragende Bedeutung, auch als drunten im Tal auf dem rechten Neckarufer eine Kapelle entstanden war, die Vorgängerin der heutigen Stadtkirche. Ihr waren an derselben Stelle schon zwei kleinere romanische Kirchen vorausgegangen, von Sachverständigen ins 12. und 13. Jahrhundert datiert. Nachdem sich der Schwerpunkt des ganzen Wohngebiets in die Gegend der Neckarbrücke verlagert hatte und als Cannstatt im Jahr 1330 das Stadtrecht erhielt, bekam diese Kirche den vollen Rang einer Pfarrkirche. Das führte zum Bedeutungsverlust und schließlich zum Verfall der alten Martinskirche. 1471 bekam der berühmte Kirchenbaumeister Jörg Aberlin den Auftrag, die Stadtkirche zu bauen. Sie war den Ärzten Cosmas und Damian geweiht und wurde 1506 in ihrer heutigen Größe vollendet.

»Das Dunkel, das über den Anfängen der Stadt Stuttgart liegt…, (wird) wohl nie ganz zu erhellen sein« (Peter Lahnstein).[2] Das Waldtal auf der anderen Seite des Neckars lag abseits von Handel und Verkehr. Um das Jahr 950 legte Ludolf von Schwaben hier ein Gestüt an, das der späteren Stadt ihren Namen gab. In einer Urkunde von 1229 wird »Stutkarten« als Siedlung bezeugt. Hansmartin Decker-Hauff veranschaulicht deren Entwicklung bis zur Mitte des 13. Jahrhunderts: »Der Garten (Stutengarten) blieb allem Anschein nach beisammen, als sich aus dem Gestüt ein Weiler, aus dem Weiler ein Markt, aus dem festen Turm ein Adelssitz, aus dem Gutskapellchen eine große Adelskapelle und schließlich aus oder neben dem allem auch eine Stadt entwickelte.« Der Zeitpunkt der Verleihung der Stadtrechte ist unklar.

Graf Ulrich der Stifter (Ulrich I.) war der erste aus dem Hause Wirtemberg, dem Stuttgart angehörte. Dies wird urkundlich (wenn auch nur indirekt) aus dem Jahr 1259 belegt. Bis 1918 herrschten Grafen, Herzöge und zuletzt Könige aus dem Geschlecht der Württemberger.[3] Ulrichs Sohn Eberhard der Erlauchte tat die entscheidenden Schritte, um Stuttgart zur Haupt- und Residenzstadt zu erheben. Er verlegte die Residenz von Beutelsbach nach Stuttgart und baute hier ein festes Schloß, das heutige Alte Schloß. Vom Papst erhielt er die Erlaubnis, das Chorherrenstift von Beutelsbach in die Stuttgarter Kirche (die spätere Stiftskirche) zu verlegen, die um 1320 eine eigene Pfarrei wird, losgelöst von der Martinskirche in Cannstatt.[4]

Viele Kriege brachten immer wieder Zerstörung und schwere Not über Cannstatt und Stuttgart. Beide Städte entwickelten sich unabhängig voneinander. Dabei stand Cannstatt zeitweise an erster Stelle: 1669 schlug der Philosoph Gottfried Wilhelm Leibniz in einem Gutachten vor, »die Stuttgarter Residenz und die Tübinger Universität nach Cannstatt zu verlegen und Cannstatt zur neuen Hauptstadt des Herzogtums zu machen«.[5] Doch es kam anders. 1905 wurde Cannstatt nach Stuttgart eingemeindet, zusammen mit anderen Orten des Neckartals.

Dabei war Cannstatt im 19. Jahrhundert zur Badestadt erblüht. Schon 1773 war die Sulzerrainquelle (der spätere Wilhelmsbrunnen) erbohrt worden. Seit 1790 wurden in Cannstatt Kurgastlisten veröffentlicht, es entstanden Badehotels. Von 1825 bis 1843 wurde das klassizistische Kursaalgebäude erbaut, nach einem Plan von Thouret. Etwa zur gleichen Zeit wurden die Sulzerrainanlagen gestaltet. Der Kurbetrieb entwickelte sich derart lebhaft, daß die Sorge eines Cannstatter Dekans durchaus zu verstehen ist, der in einem Pfarrbericht 1893 schrieb: »Die Sonntagsfeier leidet zwar unter dem oft massenhaften Fremdenverkehr und dem ausgebreiteten Wirtshauswesen; doch sorgt die Polizei nachdrücklich für Stille und Ordnung während der Gottesdienste und tritt jeder Störung kräftig entgegen.« 1899: »Die Sonntage sind in Cannstatt sehr unruhig, da eine Menge von Spaziergängern und drgl. die hiesigen Wirtshäuser zum Wanderziel hat. Von einer öffentlichen Störung der Sonntagsfeier durch Arbeit kann nicht die Rede sein, dagegen bringt die große Zahl von Vergnügungen es mit sich, daß nicht nur die dem Wirtschaftsgewerbe angehörigen, namentlich die der dienenden Klasse angehörigen Personen zu keiner Sonntagsruhe, geschweige denn zu einer Feier des Sonntags kommen.«

Jeden Sonntag wurden fünf Gottesdienste gehalten, drei in der Stadtkirche (vormittags zwei und einer am Nachmittag) und zwei im Vereinshaus (vormittags einer und abends eine Bibelstunde). Es zeichnete sich ab, daß eine weitere Kirche gebaut werden mußte, »da namentlich an Festtagen die eine Stadtkirche weit nicht genügt« (Pfarrbericht 1887). Dabei betrug die Einwohnerzahl im Jahr 1860 noch 6000. Im Jahr 1878 waren es schon 13207 Evangelische, 1439 Katholiken, 89 »Dissentirende« und 321 Israeliten (Pfarrbericht 1878). Im Jahr 1893 hatte Cannstatt über 20000 Einwohner. »Das geistliche Amt steht bei der Mehrzahl der Gemeindeglieder noch in Achtung. Die seelsorgerliche Thätigkeit wird viel begehrt und dankbar aufgenommen. Hausbesuche werden als Ehre geschätzt« (Pfarrbericht 1899).

Das Badeleben geht Ende des 19. Jahrhunderts zurück. Cannstatt wird mehr und mehr Fabrikstadt und Vorort von Stuttgart.

An einem Adventssonntag im Jahr 1900 wurde in Anwesenheit Ihrer Majestäten König Wilhelm II. von Württemberg und seiner Gemahlin Königin Charlotte die Lutherkirche eingeweiht. Sie war zunächst nur Predigtkirche ohne eigene Gemeinde. Sie steht an der Waiblinger Straße, nahe der Uffkirche. Hier hörte Cannstatt damals auf. Im Jahr 1904 bekam die Lutherkirche einen eigenen Gemeindebezirk.

Die Stadt wuchs, entsprechend mußten weitere Kirchen gebaut und Gemeindebezirke geschaffen werden. Auf der Steig entstand 1928 die Steigkirche. 1932 hatte die Lutherkirche drei Pfarrstellen. Die dritte war zugleich für die Steinhaldensiedlung zuständig, die 1933 ein Gotteshaus erhielt. Ab 1935 war der zweite Pfarrer der Lutherkirche zugleich Garnisonpfarrer. Die Winterhaldenkirche, eine Vorgängerin der späteren Andreäkirche, war schon seit 1920 Lutherkirche IV. 1937 wurde die Wichernkirche als Lutherkirche V gebaut – die letzte Kirche, die unter der NS-Herrschaft im Großraum Stuttgart gebaut werden durfte. Sie wurde als einzige Cannstatter Kirche im Zweiten Weltkrieg nicht zerstört.

Im Zweiten Weltkrieg

Mit dem von Hitler befohlenen Einmarsch der Deutschen in Polen am 1. September 1939 begann der Zweite Weltkrieg. Alle Versuche, zwischen den kriegführenden Mächten eine Konvention zum Schutz der Zivilbevölkerung herbeizuführen, scheiterten. »Ein britischer Marineminister formulierte schon vor dem Ersten Weltkrieg ein Wort, dessen eiskalte Logik auch im Zweiten Weltkrieg in allen Lagern den Gang der Dinge bestimmte. Es lautet: ›Der Kern des Krieges ist Gewalt. Rücksichtnahme im Krieg ist Dummheit.‹ Es ist nicht möglich, den Krieg zu humanisieren. Ist er erst einmal entfesselt, zerbricht er früher oder später alle Dämme der Menschlichkeit und überflutet die Welt mit Barbarei.«[6]

Die deutsche Luftwaffe flog Angriffe auf London, auch auf Wohnviertel, und zerstörte am 14. November 1940 die mittelenglische Stadt Coventry. Schon im September 1939 war Warschau während des Polenfeldzugs wiederholt von deutschen Bombern angegriffen und schwer zerstört worden.[7] Die Alliierten schlugen mit gleicher Waffe zurück, zuerst die Engländer.

Für die britische Luftwaffe galt Stuttgart als »ein Zentrum der Kriegsindustrie und auch der deutschen Luftrüstung« und rangierte, zusammen mit Frankfurt, »hinsichtlich der Zahl der entsandten Bomber direkt hinter dem Hauptziel Berlin«.[8] Es mußte bis Kriegsende 53 Angriffe erdulden, bei denen in der Stadt insgesamt 4562 Menschen getötet und 8908 verwundet wurden. (Daß die Zahl der Opfer nicht größer ist, lag daran, daß alle Schüler und Schülerinnen und alte Menschen evakuiert worden waren. Außerdem verließen viele Stuttgarter abends die Stadt und übernachteten auswärts.) 39125 Gebäude (57,5 Prozent), darunter 32549 Wohnhäuser (67,8 Prozent) wurden zerstört oder beschädigt.[9]

Ich berichte von Cannstatt, kann aber an dem furchtbaren Geschehen in Stuttgart nicht vorbeigehen, denn dieses bot für uns in Cannstatt den Hintergrund. Die Fliegeralarme erstreckten sich immer auf das ganze Gebiet.

Schon am 26. Juni 1935 war ein Luftschutzgesetz verabschiedet worden, das die Bevölkerung zu luftschutzgemäßem Verhalten aufrief. Am 23. Mai 1939 folgte die Verdunkelungsverordnung, die sich in dem nebligen Stuttgarter Kessel im Anfang des Krieges gut bewährte. Für jeden Häuserblock war ein Luftschutz-Blockwart eingesetzt, der darüber wachte, daß abends alle erleuchteten Fenster verdunkelt wurden. In jedem Haus wurde eine Person zum Luftschutzwart bestellt. Die Straßenbeleuchtung blieb ausgeschaltet. Um bei der Dunkelheit nicht zusammenzustoßen, trugen die Fußgänger phosphoreszierende Scheiben oder Broschen an ihrer Kleidung. Die Scheinwerfer der Fahrzeuge mußten mit einer Maske abgedeckt werden, die nur durch einen schmalen Schlitz Licht entließ. Die Zugänge zu den Kellern waren außen an den Hauswänden mit großen weißen Pfeilen markiert.

Schon am 30. Juni 1940 gab es in Stuttgart den ersten nächtlichen Fliegeralarm, dem zwei Angriffe britischer Bomber im August und im November folgten. Sie kosteten vier Menschen das Leben und verwundeten acht. Der erste Tagesangriff auf Stuttgart wurde am 6. September 1943 von der US-Luftflotte geflogen (10.44 bis 11.10 Uhr); die Opfer: 107 Tote und 165 Verwundete.

Die Fliegeralarme häuften sich. Wieder einmal mußten wir mitten in der Nacht in den Keller. Es kam zum Angriff. Wir hörten das Donnern der feindlichen Flugzeuge ganz nahe über uns, hörten Einschläge und die Abwehrschüsse der Flak. Als die Entwarnung kam, eilte der Luftschutzwart auf den Dachboden und sah, daß Stabbrandbomben gefallen waren und den Dachstock entzündet hatten. Wir bildeten eine Menschenkette zum Nachbarhaus. Mit großer Hilfsbereitschaft standen die Nachbarn bei uns. Jeder hatte einen Eimer mitgebracht. Diese Eimer wurden im Nachbarhaus gefüllt und von Hand zu Hand weitergereicht bis zum Brandherd. Plötzlich heulten erneut die Sirenen auf und zwangen uns wieder in die Keller. Nach der zweiten Entwarnung war der Tag angebrochen. Der Dachstock des viergeschossigen Hauses brannte immer noch. Glücklicherweise hatte der Brand auf kein Nachbarhaus übergegriffen. Plötzlich waren Soldaten aus Schwäbisch Gmünd da. Sie öffneten Hydranten und gingen mit Wasserschläuchen gegen das Feuer an. Nun flutete das Wasser von oben durch das Treppenhaus herab. Wir Bewohner standen an der Wohnungstür und versuchten mit Kehrbesen das Wasser abzuhalten, damit es nicht in die Wohnungen floß. Das Haus war um ein Stockwerk niedriger geworden.

Mein sonnenloses Zimmer, das ich im Erdgeschoß bewohnte, war sehr feucht und kalt geworden, denn die übrige Wohnung stand leer. Die siebzigjährige Witwe, die mit zwei Schwägerinnen dort gewohnt hatte, war ins Jagsttal gezogen. Sie hatten ihre Möbel in Cannstatt gelassen, in der Hoffnung, später wiederzukommen. So nahm ich gern das Angebot der Diakonissen an, für einige Wochen zu ihnen zu ziehen. In diesen Wochen erlebte ich, woher diese Frauen die Kraft nahmen, Tag für Tag an Kranken- und Sterbebetten Dienst zu tun. Nach der geistlichen Ordnung des Diakonissenhauses hatte immer eine Schwester einen Tag lang den liturgischen Dienst, in den sie mich sofort einbezogen. Vor dem Frühstück las sie die Losung und sprach bei den Mahlzeiten die Tischgebete. Am Mittag nahmen sich die Schwestern besonders Zeit. Nach dem Mittagessen wurde ein Psalm gelesen, und im knienden Gebet wurden alle Anliegen vor Gott gebracht.

Im Keller stand für jede von uns ein Peddigrohrsessel. Irgendwo in einer Ecke brannte eine Kerze, denn oft ging während eines Angriffs das elektrische Licht aus. Wenn wir hörten, daß die Flak schoß, oder wenn aus der Ferne Bombenabwürfe zu hören waren, fing eine der Schwestern an, ein Gesangbuchlied zu beten: »Befiehl du deine Wege« von Paul Gerhardt oder: »Wenn wir in höchsten Nöten sein und wissen nicht, wo aus und ein...« Die Schwestern kannten nicht nur eine oder zwei Strophen eines Liedes auswendig, sondern alle. In dieser Zeit habe ich angefangen, Gesangbuchlieder und Psalmen auswendig zu lernen.

Einen besonders schweren Angriff erlebte ich ebenfalls im Keller der Diakonissen mit. Wir saßen eben beim Mittagessen, als die Sirenen aufheulten. Wir ließen alles stehen und eilten in den Keller, und nun brach die Hölle los. Die Amerikaner griffen mit ihren schweren Luftminen an. Das kleine, niedrige Diakonissenhaus wurde geschüttelt, die Fensterscheiben zerbrachen... Nur zwei Häuser entfernt wurden vier große, hohe Eckhäuser an der Straßenkreuzung von Minen getroffen und bis zum Erdgeschoß zerstört. Von uns saß niemand mehr auf dem Stuhl, wir knieten davor und beteten zu Gott für uns, die wir vielleicht in den nächsten Minuten zu ihm gerufen würden, und für die anderen. Helmut Gollwitzer hat einem seiner Bücher den Titel gegeben: »Auch in der Hölle bist du da!« Etwas davon haben wir in diesen Stunden erfahren. Trotz des furchtbaren Tobens draußen war im Keller ein großer Friede.

Das Diakonissenhaus war noch bewohnbar, wenn auch Fenster und Türen beschädigt waren. Um den Schwestern nicht zur Last zu fallen, kehrte ich in mein Zimmer zurück. In die leere Wohnung war inzwischen eine ausgebombte Familie eingezogen. Aber wenn ich in Cannstatt mit dem Fahrrad unterwegs war und es kam Fliegeralarm, so radelte ich, wenn es irgend ging, zu den Diakonissen. Natürlich gab es in jeder Straße Stollen und Bunker, dafür hatte das NS-Regime gesorgt. Auch durfte während eines Fliegeralarms keine Haustür abgeschlossen werden, so daß man jederzeit in einem Keller Schutz suchen konnte. Aber in dem kleinen Diakonissenhaus fand ich so viel Geborgenheit.

Unter den Menschen wuchs in dieser Zeit oft große Hilfsbereitschaft. Wußte doch keiner, ob er morgen noch lebt und ob er seine Sachen noch besitzt oder ob alles den Bomben zum Opfer gefallen ist. Das löste viele Menschen vom Besitz und machte sie innerlich bereit, zu teilen und einander beizustehen.

Dies erfuhren auch unsere Dekansleute. Bei einem nächtlichen Fliegerangriff fielen Brandbomben auf den Dachboden des Dekanats. Nach der Entwarnung halfen Nachbarn und Gemeindeglieder, Möbelstücke, Kleider, Wäsche, Bücher und Akten aus dem brennenden Haus zu retten. Alles stand nun auf der Straße. Da gab es zum zweiten Mal in dieser Nacht Alarm. Als die Dekansfamilie nach der Entwarnung aus einem Nachbarkeller wieder herauskam, stand nichts mehr auf der Straße. Alles gestohlen? Doch als es Morgen wurde, kamen die Nachbarn und Gemeindeglieder und brachten alles wieder, Stück für Stück. Die treuen Leute hatten alles in ihre Häuser genommen, damit es nicht zerstört würde, falls ein zweiter Angriff käme. Andere aus der Gemeinde rückten zusammen, damit die Dekansfamilie eine Unterkunft bekam, denn das Dekanat war ausgebrannt. Die Stadtkirche hatte einige Fenster- und Dachschäden, das Evangelische Vereinshaus war völlig zerstört.

Die Angriffe häuften sich und wurden immer schwerer. Bei dem Angriff auf Cannstatt am 21. Februar 1944 von 3.57 bis 5.09 Uhr gab es 159 Tote und 977 Verwundete. Chor, Konfirmandensaal und Sakristei der Lutherkirche wurden schwer getroffen, zuerst durch Spreng-, dann durch Brandbomben, so daß die Kirche nicht mehr benutzbar war. Auch das Luthergemeindehaus war schwer getroffen, ließ sich aber bald wieder fürs Nötigste instandsetzen. Unbewohnbar war das Pfarrhaus der Lutherkirche, ihm drohte »Einsturzgefahr durch schwere Schadenwirkung einer gegenüber niedergegangenen Sprengbombe«[10]. Die Pfarrfrau zog zu den Schulkindern aufs Land, der Pfarrer blieb in Cannstatt. In diesem Jahr wurde auch die aus Holz erbaute

Winterhaldenkirche zerstört. Ihre Gemeinde durfte im katholischen Philipp-Jeningen-Haus sonntags einen evangelischen Gottesdienst halten. Als auch das Jeningen-Haus durch einen Fliegerangriff zerstört wurde, konnte im Nebenraum einer Wirtschaft wöchentlich eine Kriegsbetstunde und am Sonntag ein evangelischer Gottesdienst gehalten werden.

Auch die katholische Liebfrauenkirche wurde getroffen und konnte nicht mehr benutzt werden. Die beiden Kirchengemeinden teilten sich das Luthergemeindehaus. Von 7 bis 10 Uhr fanden dort katholische Gottesdienste statt. Mit Rücksicht auf uns und den kleinen Raum ging man dabei sparsam mit dem Weihrauch um. Es war ein gutes Miteinander beider Gemeinden. Standen wir doch gemeinsam unter dem schweren Druck der sich häufenden Fliegeralarme und Luftangriffe und teilten die innere Not in der nervenzerreibenden Auseinandersetzung mit dem NS-Regime. – Nachdem auch die katholische Kirche St. Martin in der Vorstadt zerstört war, wurde der Saal im Luthergemeindehaus zu klein für die vielen katholischen Gemeindeglieder. So hielten sie ihre Gottesdienste im Kursaal.

Die Menschen mußten lernen, mit den Sorgen und mit der Angst zu leben. Ich erinnere mich an ein Gespräch mit einer Mutter. Das Ehepaar hatte zwei heranwachsende Söhne und eine Tochter. Die Mutter erzählte mir, daß sie zu Beginn des Winters mit großer Sorge auf das kleine Häuflein Kartoffeln im Keller geschaut habe und sich nicht habe vorstellen können, wie das reichen solle für die fünfköpfige Familie. Im Gesangbuch habe sie die Verse gefunden: »Wenn wir von Tag zu Tagen, was da ist, überschlagen und rechnen dann die Menge, so sind wir im Gedränge. Doch wenn wir mit Vertrauen ihm auf die Hände schauen, so nähret allerwegen uns ein geheimer Segen. Wie dieses mag geschehen, das kann man nicht verstehen; allein man sieht am Ende: es ging durch Gottes Hände« (EKG 545, 3–5). Immer wieder habe sie ihren sorgenden Gedanken diese Verse von Philipp Friedrich Hiller vorgehalten und habe auf diese Weise teilbekommen an seiner Erfahrung.

Die abendlichen Veranstaltungen wurden weitgehend eingestellt oder vorverlegt. Die Menschen wollten daheim sein, wenn's losgeht. Darum fuhr ich abends oft zu den Eltern und meiner Schwester nach Esslingen. Esslingen wurde nicht zerstört, wahrscheinlich, weil die Esslinger in der »Kristallnacht« ihre Synagoge nicht angezündet hatten. Doch das wußte man damals noch nicht. Mir lag daran, daß unsere Familie in diesen schweren Stunden beisammen war. Doch morgens war es oft schwierig, wenn in der Nacht ein Angriff gewesen war, nach Stuttgart, wo meine Schwester berufstätig war, oder nach Cannstatt zu kommen. Um 6 Uhr riefen wir den Esslinger Bahnhof an und fragten, ob die Züge nach Stuttgart führen. Wenn es hieß: Noch nicht!, zogen wir unsere Skihosen an und stellten uns an einer Kreuzung der Hauptstraße auf. Da kamen viele Lastautos, auf denen Menschen standen. Wenn der Fahrer kurz halten mußte, sprangen wir herzu. Die Menschen oben griffen nach uns, zogen uns hinauf, und fort ging die Fahrt. Meist konnte meine Schwester bis nach Stuttgart mitfahren. Ich sprang in Untertürkheim ab und legte den Weg nach Cannstatt zu Fuß zurück. So war es für viele damals üblich, morgens zu ihrem Arbeitsplatz zu kommen.

Nun begann auch der Beschuß durch Tiefflieger. Nichts war vor ihnen sicher, weder Eisenbahnzüge noch Menschen. Einmal, so wurde berichtet, schossen sie in eine Trauergemeinde, die auf dem Steinhaldenfriedhof um das offene Grab stand. Die Menschen stoben auseinander. Niemand wurde getroffen, nur der Talar eines Cannstatter Pfarrers, der mit einem Dornbusch kollidiert war, bekam einen großen Riß. Man mußte nun immer auf Fliegergeräusch achten und sich in Deckung bringen. Auf dem Weg zur Steinhaldensiedlung, wo damals noch keine Häuser entlang der Straße standen, mußte auch ich gelegentlich mein Fahrrad in den Straßengraben werfen und unter einem Baum Schutz suchen.

An vieles gewöhnte man sich, auch daran, mit der Angst und all der Ungewißheit recht und schlecht zu leben. Aber eine Furcht begleitete mich, und sie nahm zu: Was ist, wenn ich auf der Kanzel stehe, und mitten im Gottesdienst kommt ein Fliegeralarm? Im Frühjahr 1945 gab es meistens schon von früh morgens an Voralarm, der dann plötzlich in den Fliegeralarm überging. In der Steinhaldenkirche, unter der kein Keller war, in den man hätte gehen können, müßte ich die Gottesdienstgemeinde, die damals meist ihr Luftschutzgepäck schon bei sich hatte, in Ruhe in den Bunker entlassen. Aber ich hatte doch selbst Angst. Und wenn ich in solch einem Augenblick die Nerven und den Kopf verlöre, so wäre das peinlich. Dann hätte eben ein Mensch – eine Vikarin – versagt. Das mußte ich auf mich nehmen.

Doch eigentlich ging es hier um viel mehr – um eine ganz andere Dimension. Es ging um den Inhalt der christlichen Botschaft. In der Bibel ist uns die Zusage Jesu gegeben: »Siehe, ich bin bei euch alle Tage bis an der Welt Ende« (Matthäus 28,20). »In der Welt habt ihr Angst; aber seid getrost, ich habe die Welt überwunden« (Johannes 16,33). Wie oft steht in der Schrift: »Fürchte dich nicht!« Dieser Zuspruch wird verschieden begründet: »...denn ich bin mit dir« (1. Mose 26,24); »denn du sollst nicht zuschanden werden« (Jesaja 54,4); »denn ich habe dich erlöst; ich habe dich bei deinem Namen gerufen; du bist mein!« (Jesaja 43,1); »denn der Herr, dein Gott, ist bei dir, ein starker Heiland« (Zefanja 3,17); »Ich bin der Erste und der Letzte und der Lebendige« (Offenbarung 1,17). Und es finden sich auch Zeugnisse von Menschen, die das erfahren haben: »Wenn ich dich anrufe, so erhörst du mich und gibst meiner Seele große Kraft. Wenn ich mitten in der Angst wandle, so erquickest du mich« (Psalm 138,3.7). Paulus bekennt: »Alles vermag ich durch ihn, der mir Kraft gibt« (Philipper 4,13) – um nur einige Stellen zu nennen. Es war gut, daß in Cannstatt ein älterer Amtsbruder war, mit dem ich über dieses und andere Themen eingehend sprechen konnte. In solchen Krisensituationen, durch die wir damals gehen mußten, kann etwas erfahrbar werden von der Gerichts- und Gnadenkraft Gottes, die unser Leben trägt und ihm Sinn und Ziel gibt. Aber es war eine Situation, in der man stehen oder fallen konnte. Im voraus konnte kein Mensch wissen, wie er oder sie durch solch eine Krisensituation kommt.

Im letzten Kriegswinter habe ich zwei Fliegeralarme am Sonntagvormittag erlebt, mitten im Gottesdienst. Es war in der Steinhaldenkirche. Dort saß damals während des Gottesdienstes immer jemand am Drahtfunk und verfolgte die Nachrichten. Drohte Gefahr, öffnete sich hinten die Eingangstür, und ich bekam ein Zeichen. Entweder wurde mir signalisiert, die Fliegerverbände fliegen in eine andere Richtung, nicht nach Stuttgart, dann konnte ich meine Predigt fortsetzen. Oder es hieß, sie nähern sich Stuttgart. Dann wußte ich, in zwei bis drei Minuten heulen die Sirenen auf. Also mußte ich, was ich an Trost und Kraft in meiner Predigt hatte, noch schnell sagen. Die Sirenen zerrissen die Stille. Ein Gebetsruf. Ein kurzes Segenswort. Die Menschen eilten zum Bunker. Nun begann unsere praktische Arbeit. Wir waren drei Frauen, die Gemeindehelferin, die Organistin und ich. Wir öffneten alle Fenster und hängten die kleine Spiralfeder, die am Fensterflügel angebracht war, in die entsprechende Öse am Fensterrahmen. Das sollte ein Schutz für die Glasscheibe sein. In der Sakristei ergriffen wir den Talar der Kirchengemeinde, das Taufgerät, die silbernen Abendmahlskelche und -kannen, nahmen die Bibel vom Altar mit und rannten als letzte in den Bunker, dessen Stahltüren hinter uns geschlossen wurden. Der Bunker war sehr voll, weil sonntags auch Berufstätige da waren. Wir drei hatten uns im Gedränge verloren. Ich saß irgendwo eingekeilt unter Menschen, die ich nicht kannte. Dann wurde es ernst. Schon war das Dröhnen der schweren Bomber zu hören. Die ersten Sprengkörper schlugen ein. Die Flakabwehr schoß ganze Salven von Granaten. Durch alles Dröhnen und Knattern hindurch drangen Ketten dumpfer Explosionsgeräusche: die Reihenabwürfe schwerer Sprengbomben. Plötzlich erbebte der Bunker. Er war so gebaut, daß er den Druck von Luftminen, die in der Nähe niedergingen, als Bewegung aufnahm. Wir fühlten uns wie geschüttelt. Das Licht ging aus. Viele schreien laut, Kinder weinen und jammern. Die Augenblicke werden zu Ewigkeiten. Immer wieder werden wir geschüttelt. Als meine Augen sich an das Dunkel gewöhnt haben, sehe ich, daß an den Wänden breite, gelb phosphoreszierende Streifen aufgemalt sind. Dadurch ist es nicht ganz dunkel. Manche Menschen sind wie erstarrt vor Angst. Endlich hört das höllische Toben draußen auf. Die Entwarnung kommt. Als wir hinaustreten, ist die Welt vollkommen verändert. Die Luft ist voller Kalkstaub. Die Sonne ist, obwohl sie scheint, nicht zu sehen. Die bunten Frühlingsblumen, Gras und Sträucher der Vorgärten sind mit dickem, grauem Kalkstaub bedeckt. Brandgeruch liegt in der Luft. Viele dieser kleinen Siedlungshäuser, die die Eigentümer sich so mühsam erspart hatten, sind mehr oder weniger beschädigt. Auch die Kirche. – Ich eilte nach Cannstatt, um zu sehen, was dort geschehen war, und zu hören, wie es den Eltern in Esslingen ergangen war. Aus Erfahrung wußte ich, daß nach einem solchen Angriff das ganze Gebiet für den Verkehr gesperrt wurde, bis die Gegend nach Bomben mit Zeitzündern abgesucht war. Darum mußte ich noch rasch vorher durch.

Den zweiten Angriff im Sonntagsgottesdienst erlebte ich in Luginsland. Die Kirche dort war schon längst zerstört, die Gottesdienste fanden in einer Wirtschaft statt. Auf einem alten, etwas verstimmten Wirtshausklavier begleitete ich die Choräle. Aber auch diese Wirtschaft war inzwischen ein Opfer der Fliegerbomben geworden. So kam an diesem Sonntag eine kleine Gemeinde im evangelischen Kindergarten zusammen. Ich erinnere mich an einen Raum mit viel Glas und Holz. Darüber kam gleich das Dach. Einige Stühle waren im Kreis aufgestellt. Als Altar und Kanzel benutzte ich einen Notenständer. Als ich mitten in der Predigt war, hörte ich das Geräusch von Flugzeugen und Schüsse. Diese Tiefflieger mußten ganz in der Nähe sein. Ich unterbrach meine Predigt und fragte die Gemeindeglieder, was wir tun wollten. Ich sähe hier eine Treppe, die vermutlich zu Toiletten und einem Vorraum hinunterführe. Sollten wir da hinuntergehen? Inzwischen war auch der Fliegeralarm ausgelöst worden. Die Sirenen heulten. Die Gemeindeglieder sagten nein! sie wollten nicht hinuntergehen, ich solle weiterpredigen. So haben wir es gemacht. Ich weiß heute nicht mehr, über welchen Text ich gepredigt habe. Aber ich weiß, daß ich so sehr mit diesen Bibelworten beschäftigt und von ihnen erfüllt war, daß in mir kein Raum war für die Angst. Dieses Getragensein empfanden auch die anderen. Das kam in einigen Äußerungen und Gesprächen nach dem Gottesdienst heraus. Als wir mit unserem Gottesdienst zu Ende waren, kam auch die Entwarnung.

Auf dem Land, fern von Industriezentren, sah vieles anders aus. Eine Kollegin erzählte mir, sie habe in einem Dorf im Hohenloher Land einen Gottesdienst zu halten gehabt. Während des Gottesdienstes sei Fliegeralarm gekommen. Entsprechend der Anweisung des Oberkirchenrats habe sie den Gottesdienst beendet und die Gemeindeglieder entlassen. Es hätte aber nach der Predigt eine Taufe stattfinden sollen. Die Familie mit Täufling und Paten sei in der Sakristei erschienen. Angesichts der leeren Kirche erklärten die Eltern: »Ons send jetzt do. Mir ganget nemme. Onser Kend wird täuft.« Der Vikarin blieb nichts anderes übrig, als das Kind zu taufen. Zum Dank wurde sie anschließend zu einem üppigen Festessen eingeladen, Braten, viele Spätzle und Salat. Sie konnte sich richtig sattessen. Niemand im Dorf dachte daran, während des Fliegeralarms in den Keller zu gehen. Der Kommentar dieser wahrscheinlich nicht sehr kirchlichen Familie lautete nachher: »Wia dr Fliegeralarm komme isch, isch dr Pfarrer dervogloffa, ond a Freilein hot onser Kend täuft.«

Nach diesen mehr persönlichen Erfahrungen im Dekanat Cannstatt will ich doch noch kurz auch von Stuttgart berichten. Der Luftkrieg hier erreichte seinen Höhepunkt mit schweren Tag- und Nachtangriffen im September 1944. Die Alliierten waren zu weiträumigen Flächenangriffen übergegangen, um »die ›Festung Europa‹ für den Tag der Invasion sturmreif zu bomben. Wörtlich heißt es in der Direktive der kombinierten Stabchefs vom 21. Januar 1943, das Hauptobjekt der Bomberstreitkräfte sei es, ›die fortschreitende Zerstörung und Zerstreuung des deutschen Militär-, Industrie- und Wirtschaftssystems und die Unterminierung der Moral des deutschen Volkes bis zu einem Punkt‹ voranzutreiben, ›wo ihre Fähigkeit zum bewaffneten Widerstand in tödlicher Weise geschwächt ist‹.«[11] Wir erlebten das durch die vermehrten Vor- und Fliegeralarme. Wenn in der Nacht die Leuchtzeichen über der Stadt zu sehen waren – vom Volksmund »Christbäume« genannt –, dann wußten wir, daß uns ein Flächenangriff durch Bomber bevorstand.

Der wohl schwerste ereignete sich am 12. September 1944. Er hatte verheerende Folgen: Ein Feuersturm vernichtete die Stuttgarter Innenstadt[12], es gab 957 Tote und rund 1600 Verletzte. Alle diese Toten mußten beerdigt werden, auf Anordnung des damaligen Stuttgarter Oberbürgermeisters »nicht in Massengräbern..., sondern in Reiheneinzelgräbern, von denen jede einzelne Grabstelle mit dem Namen des Gefallenen gekennzeichnet ist«[13]. Vom ersten Pfarrer der Lutherkirche weiß ich, daß er stundenlang, zusammen mit einem katholischen Kollegen, auf dem Hauptfriedhof Steinhaldenfeld stand, wo alle zivilen Toten bestattet wurden. Immer zwei Särge wurden gebracht, und die Geistlichen sprachen abwechselnd ein Schriftwort und ein Gebet. Manche Toten waren so verstümmelt, daß man sie nicht beerdigen konnte. Ihrer gedachte ein anderer katholischer Pfarrer mit den Worten: »Wenn wir unsere Toten nicht finden können – es gibt einen, der um sie alle weiß, der sie nicht verliert und dessen Hirtenstimme sie erkennen werden.«[14]

In jener Zeit gingen Zettel durch die Gemeinden, die immer wieder neu abgeschrieben wurden, die man einander schenkte. Das Sonett von Reinhold Schneider:

»Allein den Betern kann es noch gelingen,
Das Schwert ob unsern Häuptern aufzuhalten
Und diese Welt den richtenden Gewalten
Durch ein geheiligt Leben abzuringen.

Denn Täter werden nie den Himmel zwingen:
Was sie vereinen, wird sich wieder spalten,
Was sie erneuern, über Nacht veralten,
Und was sie stiften, Not und Unheil bringen...«

Oder das Gebet von Siegfried Goes, dem früh vollendeten Theologen, der 1943 im Osten gefallen ist:

»All' die gefallen in Meer und Land,
sind gefallen in Deine Hand.

Alle, die kämpfen im weiten Feld,
sind auf Deine Gnade gestellt.

Alle, die weinen in dunkler Nacht,
sind von Deiner Güte bewacht.

Gib uns Augen, daß wir es sehn,
wie Deine Hände mit uns gehn.

Gib uns Herzen, die Deine Gnad
gläubig ergreifen früh und spat.

Gib uns das Leben durch Deinen Sohn,
uns und den Toten vor Deinem Thron!«

All' die gefallen in Stadt und Land... Dazu gehören auch die Frauen und Kinder und die Greise und die uk-gestellten Männer in unseren Städten, die bei den Fliegerangriffen ums Leben gekommen sind. Dazu gehören auch die Millionen Juden, die durch den Nationalsozialismus ihr Leben lassen mußten. Auch die Menschen, die von deutschen Soldaten und Fliegern in »feindlichen« Ländern und Städten angegriffen wurden und starben, gehören dazu, auch die gefallenen Soldaten auf beiden Seiten der Front: »...sind gefallen in Deine Hand.«

Bei der Arbeit an diesem Kriegs-Kapitel ist mir ein Doppeltes wichtig geworden:

1. Es ist Zeit, daß in der weiten Welt Menschen, vor allem Christen aller Konfessionen, erkennen, daß der Krieg heute kein Mittel ist, politische Fragen zu lösen. Nur wenn es gelingt, Menschen dazu zu gewinnen, vom Krieg zu lassen und Wege des Friedens zu suchen durch weltweite, politisch wirksame Rechtsordnungen und Gespräche, die auch unangenehme Wahrheiten nicht ausklammern und bereit sind, zu gemeinsamen Vereinbarungen und Kompromissen, wird Friede einkehren zwischen

den Völkern. Bei dieser gemeinsamen Aufgabe denke ich auch an Juden und an Menschen aus den Weltreligionen. Die Kraft, in einer politischen Auseinandersetzung Wege des Friedens zu suchen mit Phantasie und Agape, kann wohl aus einer Erkenntnis erwachsen, aber letzten Endes kommt sie aus dem Glauben an Gott.

2. Unsere evangelische Landeskirche hatte kein Konkordat mit dem NS-Staat, wie die katholische Kirche, deren Priester nicht zum Wehrdienst eingezogen wurden. Unsere evangelische Kirche hielt es für richtig, daß sie ihre Pfarrer als Soldaten in den Krieg ziehen ließ, und war fast ein wenig stolz auf diese vaterländische Haltung. Doch nachdem auch unsere großen Industriestädte durch den Bombenkrieg zum Kriegsschauplatz geworden waren, ist unsere Kirche den Tausenden von sterbenden und verwundeten Menschen in den Industriezentren und all denen, die voll Angst und Trauer waren, viel schuldig geblieben, weil es in der Heimat an Pfarrern und Seelsorgern gefehlt hat.

Kriegsende

Am 20. April 1945, dem Geburtstag von Adolf Hitler, gab Propagandaminister Goebbels Durchhalteparolen und sprach vom Endsieg. Dabei wußten wir aus anderen Radiosendern, deren Abhören verboten war, daß auf der einen Seite die Franzosen und auf der anderen die Amerikaner heranrückten. Darum fuhr meine Schwester an diesem Tag nicht mehr in das Röntgeninstitut nach Stuttgart, dessen erste Assistentin sie war; denn Stuttgart liegt links vom Neckar und Esslingen auf der rechten Seite, und der Befehl war gegeben, daß alle Brücken gesprengt werden sollten; darum war zu befürchten, daß sie nicht mehr heimkommen könne. Da Esslingen und Cannstatt auf der rechten Neckarseite liegen, fuhr ich noch einmal nach Cannstatt. Ich wollte mein Fahrrad und einige persönliche Sachen holen und noch letzte Besuche machen. Im Dekanat war schon alles besprochen. Ich sollte nicht allein in dem Parterrezimmer bleiben, sondern zu meinen Eltern gehen und dort die weitere Entwicklung abwarten. Ein älterer Pfarrer, den ich gefragt hatte, ob ich eventuell während der nächsten Tage in seiner Familie unterkommen könne, hatte dies abgelehnt. Er habe mit seiner Frau, mit seinen Töchtern und der verwitweten Freundin seiner Frau genügend Frauen, die er beschützen müsse. Ich solle zu meinen Eltern gehen. Er übernehme auch meinen Dienst, da man doch nicht wisse, wie alles komme.

Am Nachmittag kam meine Freundin, die Hebamme von Cannstatt, und erklärte, jetzt ist es Zeit, daß du heimfährst. Ich fahre dich nach Esslingen. Sie hatte ihr Motorrad dabei. Wir banden das eine Ende eines Waschseils an ihren Gepäckständer, das andere hielt ich in der Hand, bestieg mein Fahrrad, und so ging es los. Wir verabschiedeten uns und wußten nicht, ob wir uns wiedersehen würden.

Nach dieser Radiosendung von Goebbels gingen wir, die Eltern, meine Schwester und ich, gegen Abend noch einmal durch die Stadt. Voll Wehmut standen wir auf dem Marktplatz und betrachteten die herrliche Stadtkirche, in der ich konfirmiert worden war, die Frauenkirche, die St. Pauls-Kathedrale, das Alte Rathaus, die schönen alten Fachwerkhäuser. Ob wir dies alles, was Generationen aufgebaut hatten, wiedersehen könnten am nächsten oder übernächsten Tag? Wie sinnlos ist doch ein Krieg mit seiner zerstörenden Gewalt! Unser Weg führte uns weiter über die Agnesbrücke, die Plinsaubrücke. An den Brückenpfeilern lagen überall Sprengkörper, und Landsturmmänner waren bei Todesstrafe verpflichtet, beim Einzug des Feindes die Brücken zu sprengen.

In der Nacht ging der Augenarzt Dr. Landenberger mit einer weißen Fahne den Amerikanern entgegen und übergab ihnen die Stadt. So wurde Esslingen von der Zerstörung gerettet.

In Stuttgart übergab Oberbürgermeister Dr. Stölin am 21. April 1945 die Stadt den Franzosen. In Cannstatt war die Rosensteinbrücke schon 1944 durch einen Fliegerangriff zerstört worden. Nun sprengten die Cannstatter am 21. April die übrigen Brücken bis auf den Berger Steg, unter dem die Wasserleitungen geführt wurden. So konnten die Franzosen nicht nach Cannstatt kommen. Die Amerikaner besetzten Cannstatt.

Es gab Ausgangssperren. Bald durfte man tagsüber unterwegs sein, aber von einer bestimmten Abendstunde an nicht mehr. In Stuttgart hatten die Franzosen Marokkaner eingesetzt. Viele Frauen wurden vergewaltigt. Da gelang es dem katholischen Pfarrer von Kaltental, daß Frauen in der Schule von Kaltental übernachten konnten. Diese Schule wurde von Franzosen bewacht, so daß kein Marokkaner hinein konnte. Dieses Beispiel machte Schule. Aber nicht überall gelang es in dieser Weise. Eine Frau erzählte mir, daß sie in einer anderen Schule versucht hätten, im Klassenzimmer die Schülerpulte und -bänke zusammenzuschieben. Dahinein hätten sich die jungen Frauen verkrochen, während die älteren Frauen außerhalb dieser Burg von Bänken und Pulten übernachtet hätten.

Aber auch unter amerikanischer Besatzung war es nicht leicht. Der erste Pfarrer der Lutherkirche ließ an einem hellen Sommerabend während der Sperrstunde bei geschlossener Hoftür seinen Hund im Hof Gassi gehen. Er selbst stand in Hausschuhen unter der offenen Haustür. Amerikaner kamen vorbei. Er mußte in seinen Hausschuhen mit ihnen gehen und in einer Zelle übernachten.

Die Wichernkirche war nicht beschädigt. Dort konnte Gottesdienst gehalten werden. Die Stadt- und die Lutherkirche waren so schwer beschädigt, daß dort keine Gottesdienste gehalten werden konnten. Aber beide Kirchen hatten Gemeindehäuser, die Wartburg und das Luthergemeindehaus, in denen Gottesdienste stattfinden konnten. Schlimm dran war die Winterhaldengemeinde, ihre Holzkirche war verbrannt. Ein Gemeindehaus gab es nicht. Noch im Krieg bot die Familie Aldinger in der Winterhaldenstraße zwei Zimmer ihres Hauses für Gottesdienste an. Dort standen 90 Stühle, eine Art Kanzel war errichtet. Während des Krieges hatte ich dort keinen Gottesdienst gehalten. Das taten die Kollegen. Aber an einen Gottesdienst nach dem Krieg, den ich dort gehalten habe, erinnere ich mich. Da ich nicht wußte, ob eine Kanzel vorhanden ist, nahm ich für alle Fälle meinen zusammenklappbaren Notenständer und meine Blockflöte mit. Aber die Choräle wurden auf dem Klavier dieser Familie begleitet. Doch auch dieses Haus war von den Bomben nicht verschont worden. Die warme Sommersonne schien durch Fensterhöhlen, in denen noch kein Glas war.

In diesem Gottesdienst geschah es, daß mir während der Predigt plötzlich sehr übel wurde. Ich spürte, daß ich mich übergeben mußte. So unterbrach ich meine Predigt, nannte der Gemeinde ein Paul-Gerhardt-Lied, das viele Verse hatte, und verließ den Raum. Als ich wieder zurückkam, sangen sie noch, und ich konnte den Gottesdienst zu Ende führen. Nachmittags fuhr ich zu meinen Eltern heim nach Esslingen, denn ich spürte, daß eine Krankheit im Kommen war. Es wurde eine schwere Wanderpneumonie, der gegenüber man damals völlig machtlos war, weil wir alle infolge der Kriegsnot, durch Hunger und all die Entbehrungen keine Widerstandskräfte mehr hatten. Die deutsche Medizin war durch das Kriegsgeschehen vom medizinischen Fortschritt in der Welt abgeschnitten. Damals gab es in Deutschland noch kein Penicillin. Darum sind viele Menschen an dieser Virusinfektion gestorben. Zu Hause wurde ich treu gepflegt. Meine Schwester hat unbezahlten Urlaub genommen, um Mutter in der Pflege zu unterstützen. Eine Freundin kam immer wieder von Cannstatt, um eine Nachtwache zu übernehmen. Wir hatten einen sehr guten Hausarzt, der sein Bestes tat. Aber bald erkannten wir, daß es vor dieser Krankheit keine Rettung gab. Der Arzt wollte mich ins Krankenhaus überweisen. Ich fragte ihn, ob sie dort andere medizinische Möglichkeiten hätten. Er schüttelte den Kopf. Nach Rücksprache mit meinen Eltern bat ich ihn, er möge mich daheim lassen, damit ich im Kreis meiner Familie in die Ewigkeit gehen dürfe.

Auch in Cannstatt wußte man von diesem Geschehen. Der treue Kollege Frank kam. Bis Obertürkheim konnte er mit dem Zug fahren, von dort mußte er die übrigen Kilometer zu Fuß machen. Sein Besuch war eine große Hilfe. Im darauffolgenden Sonntagsgottesdienst der Lutherkirche hat er in der Fürbitte namentlich an mich gedacht. Gott hat diese Bitte erhört.

Insgesamt hat es ein halbes Jahr gedauert, bis ich am 1. Januar 1946 meinen Dienst wieder aufnehmen konnte. Für mich war dies eine überaus wichtige Zeit, auch im Blick auf die Krankenhausseelsorge. Und ich empfinde bis heute Staunen, Dank und eine tiefe innere Verpflichtung, weil mir das Leben ein zweites Mal geschenkt worden ist.

In diesen Monaten, in denen die Genesung so mühsam vor sich ging, erreichte mich die Kunde unserer Landeskirche, daß der Oberkirchenrat uns Theologinnen die Predigterlaubnis wieder nehmen wolle. Das bedeutete praktisch, daß uns der Dienst der Wortverkündigung in der Gemeinde wieder verboten werden sollte. Aber von diesem Dienst hatte ich innerlich in diesen schweren Kriegsjahren gelebt; denn wenn man einen Text auslegt für die Gemeinde und sich dafür Zeit nehmen darf, so wird man selbst persönlich beschenkt. Zuerst muß man sich die leeren Hände füllen lassen, ehe man weitergeben kann. Und dieses zentrale Geschehen in meinem Dienst sollte mir wieder genommen werden? Stand unsere Landeskirche nicht mehr zu diesem besonderen Dienstauftrag an uns Theologinnen? Waren ihr Bedenken gekommen, weil sie keine biblisch-exegetische Begründung dafür hatte? Hatten wir Theologinnen mit unserem Predigtdienst etwas getan, was in den Augen unserer Landeskirche Sünde war? Diese Fragen, die später von mir grundsätzlich gestellt wurden, beschäftigten mich in meiner Krankheit. Damals gab es keine Antwort. Aber die Dekane erklärten, ohne den Predigtdienst der Theologinnen könnten sie die regelmäßigen Gottesdienste nicht durchführen. Diesem Einspruch der Dekane hat der Oberkirchenrat stattgegeben.

»Bewähren Sie sich!«

»Pfarrvikarin« ohne Gemeinde

Einige wohlmeinende, meist ältere Kollegen erkannten die Situation von uns Theologinnen. Wir saßen oder standen zwischen allen Stühlen. Auch nachdem wir durch das Theologinnengesetz von 1948 als »Pfarrvikarin« in den ständigen Dienst der Evangelischen Landeskirche in Württemberg übernommen worden waren, hatten wir Theologinnen weniger Funktionen als ein Vikar, gemessen am Arbeitsmaß jedoch wesentlich mehr. Wohl hatten wir jetzt Sitz und Stimme im Kirchengemeinderat, aber keine Gemeinde, in der wir uns einsetzen und die wir gestalten durften. Unsere Aufgabe hieß »Mitarbeit«, das schloß selbständiges Gestalten oder eigene Verantwortung aus. Nur wenn die Gemeindepfarrer ihre Erlaubnis gaben, durfte ich eine Arbeit tun. Solange man unter dreißig ist, mag das angehen, aber wenn man fünfzig wird, die entsprechende Berufserfahrung hat und die Gemeindepfarrer jünger sind, wird es bei gleicher theologischer Vorbildung schwierig, wenn man nur »mitarbeiten« darf. Wenn zum Beispiel ein Gemeindeglied mich bat, vielleicht im Anschluß an eine von mir gehaltene Predigt, eine ältere Verwandte zu besuchen, die in der betreffenden Gemeinde wohnte, fragte ich zuerst den zuständigen Gemeindepfarrer. Diese Bitte an den Kollegen wurde immer freundlich gewährt; aber ich empfand es als richtig, vorher zu fragen, obwohl ich überparochial eingesetzt war. Überparochial, das bedeutete, daß Pfarrer und Gemeinden im ganzen Kirchenbezirk meinen Dienst in Anspruch nehmen konnten, aber nicht, daß ich mehr Kompetenz hatte.

Erst das Theologinnengesetz von 1948 ordnete an, daß für

jede Pfarrvikarinnenstelle eine Geschäftsordnung aufgestellt wurde. Vorher gab es das nicht. Religionsunterricht an der Schule – zehn, zwölf oder mehr Wochenstunden waren üblich. Darum herum rankten sich dann andere Aufgaben, Besuche bei alten oder kranken Frauen in der Gemeinde oder im Krankenhaus (nur bei Frauen!), Mitarbeit in der Jugendarbeit, in der Kinderkirche, in Frauenkreisen – immer Mitarbeit. Die Leitung lag in anderen Händen. Vielleicht wuchs mir solch eine einzelne Aufgabe ans Herz, weil ich viel in sie investiert hatte. So war es mir mit der Kinderkirche gegangen, auch weil der dafür zuständige Pfarrer mir viel Freiheit gelassen hatte. Aber dann konnte es geschehen, daß ein neuer Pfarrer nach Cannstatt kam. Der sah sich um, was es an gemeindlicher und überparochialer Arbeit gab, und erklärte plötzlich: Diese Arbeit gefällt mir, dies habe ich auch bisher in meiner letzten Stelle gemacht. Ich will diese Arbeit übernehmen. Und schon war ich die Kinderkirche los. Ich bekam dafür eine andere Aufgabe, etwa einige Stunden mehr Religionsunterricht an der Schule pro Woche. Darum hatte ich immer Angst, wenn ein neuer Pfarrer nach Cannstatt kam, ob dies für meine persönliche Arbeit eine Veränderung bringe. Ähnlich erging es den anderen Theologinnen in Württemberg.

Rein arbeitstechnisch gesehen ist ein derartiger überparochialer Dienst, wie er von uns Theologinnen gefordert wurde, unrationell. In unserer Studie »Frauen auf der Kanzel?« haben wir dies aufgezeigt:

»Die Theologin, die überparochial in der Gemeinde eingesetzt ist, hat zumeist weite Wege zurückzulegen, um die einzelnen Arbeitsplätze (Schule, Krankenhaus, Jugendkreise, Gemeindebesuche) zu erreichen. Da ihre Arbeitskraft mehreren Gemeinden zugute kommen soll, bestehen für sie die Grenzen des parochialen Pfarramtes nicht. Ihr Arbeitsbereich ist noch weiter gespannt. Vielfach hat sie keinen Zugang zu den Hilfskräften (Mesner, Schreibkraft) des Gemeindepfarramtes.

Dies bedeutet einen großen Aufwand an Zeit und Kraft, der eventuell durch die private Haltung eines Autos herabgesetzt werden kann.

Unrationell und oft wenig sinnvoll ist der überparochiale Einsatz der Theologin, wenn Aufgaben, die organisch zusammengehören, auseinandergerissen werden. In der Gemeinde A macht sie Hausbesuche, in der Gemeinde B löst sie den Pfarrer im Predigtdienst ab und in der Gemeinde C soll sie einen praktischen Gemeindeaufbau, zum Beispiel Kindergottesdienst oder Jugendarbeit leisten, während ihr der Zugang zur Gemeinde über Predigt, Kasualien oder Konfirmandenunterricht und Konfirmation verschlossen ist.

Oder sie wird für einzelne abgegrenzte Dienste (Schulen, Krankenhaus, Predigtauftrag als Aushilfe) eingesetzt, wobei sie isoliert ist vom Leben der Gemeinde. Ihre Lebens- und Berufserfahrung kann unter diesen Umständen für die Gestaltung des Gemeindelebens nicht fruchtbar werden. Der überparochiale Dienst bleibt bruchstückhaft, denn sie arbeitet immer als Gast in fremden Gemeinden – ohne mitgestaltende Verantwortung für das Gemeindeleben und oft auch ohne Kontinuität. Der Vikar tut solchen Dienst höchstens für einige Jahre, eine Theologin ihr ganzes Berufsleben hindurch.

Ein Amt fordert den Amtsträger, aber es kann ihn auch tragen, weil der Pfarrer bei der Investitur an die Gemeinde gewiesen wird und sie an ihn. In diesem Sinn hat die Theologin kein Amt.«[1]

Bei dem jeweiligen Dienst, den ich in einer Gemeinde tat, sollte ich mich voll einbringen, aber nichts von der Liebe der Gemeindeglieder zu ihren Pfarrleuten abziehen. Dies führte dazu, daß ich in mancher Gemeinde nicht durch den Kirchenraum zur Sakristei ging, sondern den Eingang von außen zur Sakristei benützte, so daß die Gemeinde mich nur im Talar sah, aber nicht in meiner privaten Kleidung. Auf diese Weise sorgte ich für Distanz.

Ich hatte geregelt, daß der Mesner oder die Mesnerin vor Beginn des Gottesdienstes zu mir in die Sakristei kommt, falls ich im Zusammenhang mit den Abkündigungen, die der Pfarrer für mich aufgeschrieben hatte, noch eine Frage hatte. An einem Sonntag fragte mich die Mesnerin, ob der Herr Pfarrer hineingeschrieben habe, daß der Lehrer X gestorben und in der vergangenen Woche kirchlich bestattet worden sei. Es stand nicht drin. Ich ließ mir den Namen und den Beerdigungstag sagen. Sie eilte hinaus. Ich überlegte. Der Kollege hatte einmal erzählt, daß er einen Lehrer habe, der sich sehr einsetze und auch Schülergottesdienste halte. Ob es dieser war? Da gab es doch ein Wort im Hebräerbrief. Ich suchte danach, Kapitel 13, Vers 7: »Gedenkt an eure Lehrer, die euch das Wort Gottes gesagt haben; ihr Ende schauet an und folgt ihrem Glauben nach.« Dieses Wort wäre hier bei der Abkündigung angebracht. Ich schrieb es mir auf. Aber sollte ich nicht doch bei der Mesnerin nachfragen? Da hörte ich, daß sie schon die Glocke läutete. Es war zu spät. Als ich bei den Abkündigungen an dieser Stelle war, verspürte ich plötzlich eine ganz große Hemmung gegenüber diesem Wort. Ich sagte es nicht, sondern wählte die bekannte Form: »Wir nehmen teil an der Trauer der Angehörigen und befehlen den Verstorbenen und uns der Barmherzigkeit und Treue Gottes.« Ehe ich mich wieder auf mein Fahrrad schwang, um zum nächsten Dienst zu radeln, fragte ich die Mesnerin: »An was ist der Lehrer X denn gestorben?« – »Der hat sich das Leben genommen!« war ihre Antwort. Ein großer Schrecken befiel mich. »Ihr Ende schauet an und folget ihrem Glauben nach!« Mir wurde klar, daß ich eben den Beistand von Gottes Heiligem Geist erfahren hatte. Auch dieses Erleben macht die schwierige Situation deutlich, in der wir Theologinnen damals standen: Wir kannten die Gemeinden, in denen wir eingesetzt wurden, nicht gut genug.

Der Gemeindepfarrer, in dessen Gemeinde meine Eltern und ich damals wohnten, veranstaltete an einem Sonntag einen Gemeindenachmittag. Eigentlich hatte ich mir vorgenommen, hinzugehen. Aber am Vormittag hatte ich Doppeldienst gehabt, die zurückliegende Woche war anstrengend gewesen. So beschloß ich nach dem Mittagessen, nicht hinzugehen und einen ausgiebigen Mittagsschlaf zu halten, denn auch die kommende Woche war voll von Arbeitsterminen. Einige Tage später kam unsere Zugehfrau. Sie war dort gewesen und erzählte, daß der Pfarrer berichtet habe, die Gemeinde sei gewachsen, ein zweiter

Pfarrer werde nötig, aber es gebe so wenig Pfarrer. Der Oberkirchenrat habe mich ihm angeboten. Doch was solle er mit mir machen? Er habe alles aufgezählt, was mir als Theologin untersagt war – keine Kasualien, in derselben Gemeinde durfte ich nur jeden zweiten Sonntag predigen, nicht öfter[2], Konfirmandenunterricht und Konfirmation waren für uns nicht vorgesehen, eine Gemeinde durften wir nicht haben. So habe er die Situation von uns Theologinnen geschildert. Ich glaube, daß er dies etwas resigniert getan hat, denn dieses Ehepaar, in dessen Gemeinde ich aushilfsweise manche Dienste getan hatte, hat mich immer wieder spüren lassen, daß sie mich und meine Dienste schätzen. Aber er war keine Kämpfernatur. – Ich war froh, daß ich nicht bei diesem Gemeindenachmittag gewesen war. Aber ein wenig fühlte ich mich doch blamiert, daß wir Theologinnen bei aller Einsatzbereitschaft so schlecht zu gebrauchen waren und daß öffentlich darüber geredet wurde, ohne daß uns Hilfe zuteil wurde. 1964 wurde in dieser Gemeinde eine Pfarrverweserstelle eingerichtet und mit einem jungen Theologen besetzt. Das geschah zu einem Zeitpunkt, in dem ich 25 Jahre im Dienst unserer Landeskirche stand.

Zum Alltag von uns Theologinnen damals, wahrscheinlich auch zum Leben vieler alleinstehender Frauen in jener Zeit, gehörte das persönliche Gekränktwerden, daß man von Männern in seinem Personsein als Frau durch Worte und Taten zutiefst verletzt wurde. Das gehörte zu unserem Leben und mußte innerlich verarbeitet werden. Ein Beispiel aus der Literatur möge dies veranschaulichen.

Lydia Schröder hatte von 1933 bis 1937 Theologie studiert und in Rostock ihr Abschlußexamen gemacht. Dort begann sie mit Jugendarbeit und arbeitete dann im Auftrag des Burckhardthauses im mecklenburgischen Reisedienst. Um ihres Asthmas willen mußte sie 1942 diese Arbeit abbrechen und wurde zur Erholung ins Kleine Walsertal geschickt. Schon als Kranke und Genesende nahm sie dort kirchliche Aufgaben wahr. Von ihrer rheinischen Landeskirche wurde sie 1942 gebeten, sich der Evakuierten anzunehmen, die in diese Gegend verschlagen worden waren. Für Lydia Schröder folgten die wohl schönsten Amtsjahre ihrer eigentlichen Tätigkeit im Kleinen Walsertal. Sie hielt öffentliche Gottesdienste mit Abendmahlsfeiern in einem Kirchsaal und anderen Gemeinderäumen, erteilte Religions- und Konfirmandenunterricht, sammelte Jugendkreise und ging mit der ihr eigenen stillen Treue den Kranken nach. Bei alledem nahm sie rechtlich eine Zwischenstellung ein zwischen ihrer rheinischen und der bayerischen Landeskirche. Diese Sonderstellung ermöglichte ihr, ihre Arbeit umfassender und sinnvoller anzugreifen, im vollen Einvernehmen und in guter Zusammenarbeit mit den bayerischen Vorgesetzten und Amtsbrüdern.

In der Nachkriegszeit änderte sich dies alles in schmerzlicher Weise. Dies war nicht einmalig, sondern typisch für viele Theologinnen. Der aus dem Krieg heimgekehrte bayerische Amtsbruder »war vor allem darauf bedacht, daß ihre bisherigen Gottesdienste den Namen ›Andacht‹ führten und daß Liturgie und Redezeit der Predigt in ihren Gottesdiensten merklich verkürzt wurden«. Dieser ihr an Jahren nur wenig überlegene Mann brachte es zum Beispiel fertig, »sie eines Tages damit zu beauftragen, seinen Ornat im Rucksack von Oberstdorf ins Kleine Walsertal zu tragen«. Er begründete diesen Auftrag damit, »es sei seinem Ansehen als Pastor abträglich, sich mit einem Rucksack vor der Gemeinde sehen zu lassen ... Lydia Schröder trug diesen Rucksack und blieb auch sonst geduldig, solange es nur um persönliche Kränkungen ging.«[3]

Für Theologinnen ein »Amt besonderer Art«?

Aber es gab noch andere Probleme. Allgemein wußte man, wer eine Gemeinde hat, muß viel arbeiten und tut es auch. Eine 70-Stunden-Woche für einen Großstadtpfarrer ist keine Seltenheit. Aber was tut jemand, der keine Gemeinde hat? Der Schluß lag nahe, daß jemand, der keine Gemeinde hat – als Theologin keine Gemeinde haben darf –, auch nicht ausgelastet ist. Natürlich habe ich jeden Tag, wie alle Pfarrer, alle dienstlichen Aufgaben, die ich erfüllt hatte, in meinen Pfarramtskalender geschrieben. Aber diesen Amtskalender, der dieses Vorurteil hätte zerstören können, wer sah den schon an? So blieb dies eine offene Frage, natürlich auch für Gemeindeglieder und Kirchengemeinderäte.

Diese Überlegungen und Erfahrungen machen deutlich, weshalb es ein »Amt sui generis«, ein Amt besonderer Art, das die älteren Theologinnen der ersten Generation erstrebten, nicht geben kann. Unsere Kirchenleitung ist auch nicht darauf eingegangen. Ein Frauenamt für eine Theologin, in dem sie einige Aufgabenbereiche hat, in denen sie selbständig ist, bei dem ihr aber Wortverkündigung vor der ganzen Gemeinde und Kasualien versagt sind, ist neben der Struktur eines Gemeindepfarramts kaum möglich. Die Mitarbeit schafft Kompetenzschwierigkeiten, und überparochiale Arbeit ist unrationell.

Sinnvoll ist ein »Amt sui generis« für eine Theologin in den Werken der Kirche. Diesen Weg haben in den dreißiger Jahren einige Theologinnen beschritten. Sie sind in die Diakonie gegangen, ins Ev. Berufstätigenwerk, in das Ev. Mädchenwerk, in die Ev. Frauenhilfe, in die Frauenarbeit der Ev. Landeskirche in Württemberg, in die Akademiearbeit.

Man muß sich die Situation im Dritten Reich klar machen. Schon lange ehe der Zweite Weltkrieg begann, war die kirchliche Männerarbeit sehr zusammengeschrumpft. Die NSDAP hatte deutlich gemacht, daß sich Zugehörigkeit zur Kirche und Karriere schlecht miteinander vertragen; besonders durfte man kein Amt in der Kirche haben, zum Beispiel nicht Kirchengemeinderat sein, wenn man vorwärts kommen wollte. Darum pflegten die Pfarrer gerne die Frauenkreise und waren dankbar für die Treue der Frauen, die zu ihrer Kirche hielten. Wußten die Pfarrer doch, daß sonntags immer wieder Spitzel in ihren Gottesdiensten saßen und darauf warteten, ob in der Predigt irgendeine unvorsichtige Bemerkung gegenüber der Partei oder dem »Führer« vorkam oder ein tapferes Zeugnis, das Unrecht beim Namen nannte und die Gewissen schärfte. Das konnte zu großen Schwierigkeiten für diesen Pfarrer führen. Die Ansage Jesu nach Matthäus 10,16ff., die sich auch bei Markus und Lukas findet, daß Verfolgungen kommen werden, wurde in diesen Jahren schmerzhaft aktuell. Darum ist es gut verständlich, daß sich die Pfarrer um ihre Frauenkreise kümmerten, deren Vertrauen ihnen wohltat.

Aber eigentlich – ich sprach bereits davon – war dies eine der wenigen Aufgaben, die der Oberkirchenrat uns Theologinnen in der Gebrauchsanweisung, die er den Gemeinden für uns gegeben hatte, erlaubt hatte.

Aus all diesen Gründen resignierten in den dreißiger Jahren eine Reihe von Theologinnen. Einige gingen in den staatlichen Schuldienst. Dort hatten sie als Religionslehrerin von Anfang an klare Arbeitsverhältnisse. Auch ihre Zukunft war geregelt. Als Oberstudienrätinnen sind sie in den Ruhestand gegangen. Andere haben geheiratet. Als Pfarrfrau hatten sie plötzlich eine Stellung. An der Seite ihres Mannes waren sie sehr geschätzt. Ehrenamtlich konnten sie dann das tun, was uns in den Gemeinden in den dreißiger Jahren zu tun erlaubt war, nur unter ganz anderen Bedingungen als wir Pfarrgehilfinnen und Vikarinnen. Doch grundsätzlich ging es den meisten berufstätigen Frauen in vielen anderen Berufen in jenen Jahren ähnlich schlecht. Sie wurden ausgenützt und schlecht bezahlt – eben weil sie nur Frauen waren.

»Bewähren Sie sich!«

Und nun kam von einem dieser wohlmeinenden Kollegen der Rat: »Bewähren Sie sich! Vielleicht ändert sich dann einmal etwas.« Wie kann man sich in dieser Situation bewähren? Wir 16 Theologinnen, die wir ab 1948 als Pfarrvikarinnen in den ständigen Dienst unserer Landeskirche übernommen wurden, hatten dadurch, daß wir um des Theologinnenberufs willen auf die Ehe verzichtet hatten, doch schon eine Bewährung erbracht. Aber dies schien die verheirateten Kirchenmänner nicht zu beeindrukken. Bis zum Theologinnengesetz von 1968 galt für uns Theologinnen: »Mit der Eheschließung endet das Dienstverhältnis der Theologin.«[4]

Ich habe drei verschiedene Ausbildungen absolviert, Theologie, Kirchenmusik und eine sich über viele Jahre erstreckende tiefenpsychologische Weiterbildung. Insgesamt habe ich zehn verschiedene Prüfungen gemacht. Aber trotzdem war ich für meine Kirche nicht recht, weil ich eben eine Frau bin und kein Mann. Dabei bin ich gerne eine Frau.

Wie kann man sich in dieser Situation bewähren? Zuvor muß wohl überlegt werden: Wie kann man in einer solchen Situation existieren? Die großen kirchlichen und theologischen Aufgaben, in denen wir uns hätten bewähren können, waren uns versagt.

Auch der Predigtdienst auf den Kanzeln verschiedener Kirchen in Cannstatt und im Kirchenbezirk, der uns seit Frühjahr 1942 erlaubt war, war insofern schwierig, weil mir die einzelne Gemeinde fremd war. Ich wußte zum Beispiel nur, daß ich in jener Kirche keine Sonntagsgottesdienste, aber jede Menge Wochengottesdienste (Schülergottesdienste, Kriegsbetstunde, Wochenschlußgottesdienst, Bibelstunde) halten durfte, aber in anderen Kirchen Sonntags- und Wochengottesdienste. Meine Tätigkeit hing von den Beschlüssen der jeweiligen Kirchengemeinderäte ab, und diese Beschlüsse hatten meist mehr emotionale, psychologische und soziologische als biblisch-theologische Gründe.

Eine Gemeinde, die die Arbeit ihres Pfarrers oder ihrer Pfarrerin mitträgt, hatte ich nicht. Doch fanden sich einzelne Menschen, die meinen Dienst im Gebet begleiteten, auch der Gebetskreis des Deutschen Frauenmissionsgebetsbundes (DFMGB), zu dem ich bis heute gehöre und dessen Kreismutter ich über drei Jahrzehnte war.

Wie kann man in einer solchen Situation existieren?

Sich immer wieder dagegen auflehnen, das schadet einem selbst und löst Aggressionen aus, und es schadet der Sache der Theologinnen. Ein älterer Kollege formulierte es einmal so: »Wenn Sie Ihre Ellenbogen gebrauchen, dann müssen Sie wissen, daß wir Männer die stärkeren Ellenbogen haben.« Alles in sich hineinschlucken, das geht auch nicht, da kann man depressiv werden oder Magenbeschwerden und ähnliches bekommen. Für mich persönlich habe ich versucht, dies alles als ein Stück Nachfolge im Sinne von Bonhoeffer zu verstehen. Bei der Nachfolge geht es um einen Weg, der Schritt für Schritt zu gehen ist. Jeder Weg hat verschiedene Wegstrecken. So schwierig, persönlich und sachlich, er für uns, die erste Theologinnengeneration in Württemberg, gewesen ist, mußte er nicht bleiben. Darauf habe ich vertraut. »In ein Land, das ich dir zeigen will...« So hat es für Abraham geheißen (1. Mose 12,1). Gott hat ihm nicht eine Landkarte und einen Kompaß in die Hand gedrückt und gesagt, nun lauf los. »Das ich dir zeigen will«, damit hat Gott ihn in der Abhängigkeit gehalten. Ständig mußte er fragen, wie der nächste Schritt aussehe, und so gestaltete sich der Weg. Ich wartete, daß Gott einen Weg führen und irgendwann eine Tür auftun werde. Geahnt habe ich nicht, daß ich selbst dabei aktiv werden sollte.

Wie kann man sich in einer solchen Situation bewähren?

Wie es die anderen Theologinnen gemacht haben, weiß ich nicht. Ich habe versucht, das, was mir zu tun erlaubt war, zu tun, so oft es von mir verlangt wurde. Wenn ich zur Stellvertretung gebeten wurde, habe ich das getan, sofern ich nicht zu der gewünschten Zeit schon durch einen anderen Dienst besetzt war. Das ging natürlich auf Kosten der Freizeit, des Privatlebens und des Nachtschlafs. Mit nur wenig Schlaf auszukommen, daran hatte ich mich gewöhnt. Aber dieser Einsatz geschah zu sehr in der Stille. Kaum jemand merkte, wenn gelegentlich bis zu 24 Wochen- und Sonntagsgottesdienste in einem Monat zusammengekommen waren, weil vielfach mein Name in der Ankündigung gar nicht erwähnt wurde. Ähnlich mag es meinen Kolleginnen ergangen sein. Erst mit der Zeit wurde mir klar, daß in der Theologinnenfrage umfassende theologische Arbeit nötig war.

Aber immer wieder erlebte ich ganz praktisch in meinem Dienst, daß bis 1948 und infolge des Theologinnengesetzes von 1948 mit seinen einschränkenden Verboten ein sinnvoller Einsatz als Theologin nicht möglich war. Das belastete mich innerlich. Bei einer Veranstaltung eines der synodalen Gesprächskreise ging es um die Frage nach dem Pfarramt der Frau im Neuen Testament. Aus allen Gesprächskreisen der Ev. Landessynode und aus Stuttgart waren Männer und Frauen zu diesem Vortrag gekommen. Ich war als Vorsitzende des Konvents der evangelischen Theologinnen in Württemberg ausdrücklich dazu eingeladen worden und sollte nach dem Vortrag ein Votum abgeben. Natürlich war ich mit dem Vortragenden einig, daß es in den neutestamentlichen Gemeinden kein Pfarramt der Frau gegeben hat, aber auch kein männliches Pfarramt. In der Theologinnenfrage geht es weniger um das Amt. Es geht um das Verhältnis der Geschlechter zueinander und um die biblisch bezeugte Tatsache, daß Gott seinen Heiligen Geist nicht dem Geschlecht gibt – und keinesfalls nur dem männlichen Geschlecht allein –, sondern der einzelnen Person, Männern und Frauen (vgl. Joel 3, 1–2; Apg 2,14–18). Mein Votum damals beschloß ich mit einer Frage, mit der ich zu dieser Veranstaltung gekommen sei: Ist es nur für den Mann eine Sünde, wenn er sein Pfund vergräbt? Ist es für die Frau keine Sünde, vielleicht sogar eine Tugend, wenn sie das Pfund, das Gott ihr anvertraut hat, vergräbt? Eine Antwort habe ich damals nicht bekommen.

An dieser Frage wird das dogmatische und ethische Problem sichtbar. Gott hat uns Menschen Gaben anvertraut. Der Sinn dieser Begabungen ist, daß wir Menschen damit für ihn arbeiten, da, wo unser Platz ist im Leben. Für mich ist ein abgeschlossenes Theologiestudium eine große Gabe. »Die Theologinnen sind – so wie sie sind – ein großes Angebot an die Kirche, sie sind eine Chance, die wahrgenommen oder auch vertan werden kann ... Die Chance ist ... vertan, wenn man wieder einmal aus unterschwelligen Hemmungen mit der Frauenfrage an einem konkreten Ort in der Kirche nicht zurecht kommt, und wenn es dann eben so aussieht, als seien die Frauen, deren Dienst eine große Chance ist, Neuland für die Kirche zu erschließen, nur eine Last« (Trillhaas).[5]

In ähnlicher Weise äußerte sich die Evang. Akademikerschaft

in Deutschland. Im Jahre 1964 hat deren Vertreterversammlung folgende Resolution angenommen: »Im Blick auf die Theologinnen, die seit Jahrzehnten einen anerkannten, aber gesetzlich nicht befriedigend geordneten Dienst tun, und im Blick auf die Theologiestudentinnen bittet die EAiD die mit der Gesetzgebung befaßten Synoden und Kirchenleitungen, den theologisch voll ausgebildeten Frauen die uneingeschränkte Wortverkündigung und Sakramentsverwaltung sowie die uneingeschränkte Ausübung eines Gemeindepfarramtes gesetzlich zuzugestehen oder entgegenstehende Regelungen abzuändern.«[6]

Es lag an der Kirche und ihren Vorschriften für die Theologinnen in Württemberg – wie auch in anderen Landeskirchen –, daß anvertraute Gaben vergraben werden mußten. Dafür müssen diese Kirchen die Verantwortung tragen.

Bei manchen Theologinnen entstand, wenn sie nicht in den Schuldienst oder in die Ehe geflüchtet waren, darüber Verbitterung. Gaben, die ihnen anvertraut waren, mußten sie verkümmern lassen. Sie spürten, daß sie damit auch in ihrer Persönlichkeitsentfaltung blockiert wurden. Das Gleichnis Jesu von den anvertrauten Pfunden (Mt 25,14–30) beschreibt einen solchen Zustand als ein Hinausgeworfensein »in die finsterste Finsternis, wo Klage übrig bleibt und die hoffnungslose Verbitterung« (Mt 25,30 nach Jörg Zink). Erleiden mußten dies die Theologinnen der ersten Generation, für die das theologische Umdenken unserer schwäbischen Landeskirche im Jahr 1968 zu spät kam. Solches Erleben gehört wohl zu den schwersten Formen der Bewährung.

Exkurs: Die Wohnungsfrage

Heute ist es selbstverständlich, daß einem Vikar oder einer Vikarin, die meist schon verlobt oder verheiratet von der Universität kommen, von der Kirchengemeinde eine Wohnung zur Verfügung gestellt wird. In den dreißiger Jahren war das anders. Ein Vikar hatte meist auch nur ein oder zwei möblierte Zimmer als

Untermieter. Er mußte beweglich sein und rasch versetzt werden können, wenn eine längere Erkrankung eines Pfarrers dies erforderte oder wenn eine große Vakanz entstand, bis eine Pfarrstelle wieder besetzt werden konnte.

Schon meine Vorgängerin hatte in diesem schattigen, kalten Erdgeschoßzimmer gewohnt bei drei netten, alten Damen, einer katholischen Witwe und ihren zwei unverheirateten evangelischen Schwägerinnen.

Ich erinnere mich noch, daß ich in Esslingen in einem Geschäft eine schöne Tischdecke entdeckt hatte. Um sie kaufen zu können, mußte ich einen Bezugschein vorlegen. Das war sehr schwierig. Wie sollte ich einem sturen Beamten in Cannstatt beibringen, daß ich als »ledige Pfarrgehilfin« eine Tischdecke brauche. Er hielt dies für unnötig. Ich erklärte ihm, daß ich in diesem einen Zimmer wohne, arbeite und schlafe. Zu meiner Arbeit gehöre, daß ich auch Besuche empfange. Wozu? fragte er. Um Gespräche mit ihnen zu führen. Im Dritten Reich mußte man vorsichtig sein, konnte nicht voraussetzen, daß er Gespräche über unseren christlichen Glauben akzeptiert. Er begriff nichts. Da wurde ich anschaulich. Ich sagte ihm, daß er sicher eine Wohnung und eine Familie habe. Die Stadtverwaltung stelle ihm dieses Büro für seine Arbeit zur Verfügung, lasse diesen Raum reinigen und heizen. Dies alles hätte ich nicht. Von der Kirche hätte ich dieses eine Zimmer, das ich selbst beheizen und reinigen müsse. Besuche kämen zu mir, damit ich sie berate und tröste. Etwas ungeduldig fügte ich hinzu: Ich kann doch derartige Gespräche nicht auf dem Kirchendach führen! Das hat ihm eingeleuchtet. Ich erhielt meinen Bezugschein.

In Stuttgart und Cannstatt war nach dem Krieg die Wohnungsnot groß, weil so viele Häuser zerstört waren. In Esslingen waren die Häuser unversehrt geblieben. Aber nun kamen, als Folge des verlorenen Kriegs, viele Letten nach Esslingen. Wohnungen mußten geräumt werden oder es wurden einzelne Zimmer beschlagnahmt. Für uns, die wir als vier Erwachsene eine 4½-Zimmer-Wohnung bewohnten, begann es damit, daß dieses halbe, außerhalb der Wohnung im Dachgeschoß gelegene Zimmer im Frühjahr 1946 beschlagnahmt wurde. Dann ging es Schlag auf Schlag. In das gemeinsame Schlafzimmer, das meine Schwester und ich bewohnten, wurde ein lettisches Ehepaar gelegt, danach bezog ein anderes lettisches Ehepaar das Schlafzimmer der Eltern. Uns blieben noch zwei Räume. In den viereinhalb Zimmern wohnten nun neun Personen.

Rückschauend kann ich nur voll Bewunderung feststellen, wie die Eltern das getragen haben, so daß es keinen Unfrieden in der Wohnung gab.

Aber nun ergab sich im Frühjahr 1948 die Möglichkeit, eine kleine 2½-Zimmer-Wohnung zu beziehen. Natürlich war es aus der Sicht des Oberkirchenrats völlig ausgeschlossen, daß ich diese Wohnung bekam. Ich hatte inzwischen ein anderes möbliertes Zimmer ohne Bad- und Küchenbenützung, fuhr aber öfter abends nach Esslingen, um dort zu übernachten. Und wieder waren es die Eltern, die halfen. Sie, als Inhaber einer Wohnung, konnten sich um diese kleine Wohnung bewerben. Das bedeutete, daß sie ihren Freundeskreis verließen, den sie in Esslingen seit 27 Jahren hatten. Mutter mußte eine Nachfolgerin für die Leitung der Ev. Mütterschule suchen. Ein schwieriger Ringtausch, der sich auf fünf Familien erstreckte, die umziehen wollten oder mußten, mußte inszeniert werden, und die Wohnungsämter in Esslingen und Cannstatt mußten ihre Zustimmung geben. Ich erinnere mich, daß sich meine Schwester morgens um fünf Uhr vor dem Wohnungsamt in Esslingen anstellte, um den schriftlichen Antrag abzugeben und persönlich zu begründen. Vor ihr waren schon einige andere Frühaufsteher da – ein Zeichen, wie notvoll die Wohnungssituation damals war. Um sechs Uhr löste ich sie ab, damit sie pünktlich ihren Dienst in Stuttgart beginnen konnte. Ich hatte den Oberkirchenrat gebeten, im Blick auf meinen Dienst in Cannstatt diesen Ringtausch zu befürworten, was auch geschah.

Endlich kam die Genehmigung. Einen Tag vor der Währungsreform konnten wir nach Cannstatt umziehen. Wir waren dankbar, daß wir wieder allein in der Wohnung waren, wenn sie auch klein war und nur für drei Betten Platz bot. Aber im kleinen

Wohnraum gab es für mich ein Sofa. Die Eltern verschenkten Möbelstücke, stellten aber doch einiges unter in der Hoffnung auf andere Zeiten.

Ein Jahr durften wir Vater noch bei uns haben. Er war nie krank gewesen. Nur nach seiner Pensionierung mit 65 Jahren hatte er über eine kurze Zeit hin einen schmerzhaften Ischias bekommen. All die Unbill des Krieges und der Nachkriegszeit hat er ohne viel Worte still und tapfer ertragen. Und so ist er auch in seinem 87. Lebensjahr innerhalb von wenigen Tagen in großem Frieden in die Ewigkeit gegangen.

Wir suchten nach einer größeren Wohnung. Auch wollten wir der Wohnungsinhaberin, die sich unseretwegen selbst eingeschränkt hatte, nicht länger zur Last fallen. Doch mußten wir acht Jahre lang warten. Da ergab sich die Möglichkeit, daß ich über den Vater einer Schülerin zu einer größeren preiswerten Wohnung kommen konnte, in der auch mein Amts- bzw. Studierzimmer Platz fand. Da unsere Mutter damals noch den Haushalt führte, bedeutete diese Wohnmöglichkeit für meinen Dienst eine große Entlastung. – Aber der Oberkirchenrat versagte seine Einwilligung. Der Dekan von Cannstatt fuhr selbst zum Oberkirchenrat, um sich für mich einzusetzen. Er kam zurück und sagte traurig, daß er nichts erreicht habe. Man war dort nicht bereit, einer Theologin eine Wohnung zuzugestehen. Da bat ich Prälat Riess – dankbar nenne ich seinen Namen – um einen Gesprächstermin und erzählte ihm die ganze Wohnungsmisere. Er hörte bewegt zu, begriff sofort, daß auch in der Wohnungsfrage deutlich wurde, wie schwer es unserer Landeskirche wurde, den Dienst von uns Theologinnen anzunehmen. Er nahm die Sache in die Hand, und so kam ich zu einer Wohnung in einem Alter, in dem ein Pfarrer schon auf seiner zweiten Pfarrstelle ist.

Alleinsein – Chance und Verzicht

Als Frau allein zu sein, dafür gibt es verschiedene Ursachen und Erlebnisweisen. Für Mann und Frau gibt es den freiwilligen Verzicht auf Ehe, um einer besonderen Aufgabe willen. Das kann eine künstlerische Aufgabe sein, die den ungeteilten Einsatz erfordert, oder soziale Aufgaben, wie bei der Diakonisse oder der Nonne. Der Zölibat wird vom Priester und Mönch gefordert. Bis 1968 wurde der Zölibat auch von der schwäbischen Theologin gefordert. Für uns Theologinnen war dies nicht leicht. »Der Mensch wächst an tragenden Beziehungen« (Martin Buber). Wir Theologinnen mußten uns entscheiden: Ehe oder Beruf. Wesentliche, tragende Beziehungen waren uns nicht erlaubt. Wir durften keine Gemeinde haben, auch nicht als zweite oder dritte Pfarrerin an einer Kirche, und auch die Gemeinschaft einer Ehe und Familie war uns verwehrt. So waren eigentlich alle Voraussetzungen gegeben, innerlich und äußerlich zu verkümmern.

»Wer einsam ist, der hat es gut...«

Alleinsein kann als Befreiung erlebt werden – endlich allein! Nicht mehr bevormundet werden durch Eltern, Familie oder Ehemann. »Wer einsam ist, der hat es gut, weil keiner da, der ihm was tut« (Wilhelm Busch). Eine Nonne im Bregenzer Wald, mit der ich ins Gespräch gekommen war, drückte dies so aus: »Cherubim und Serafim, danket Gott, daß ich ledig bin!« Sie empfand ihr vom Kloster behütetes Leben als ein Stück Geborgenheit. Einen männlichen Partner vermißte sie nicht.

Das Alleinsein hat große Vorzüge. Man ist – außer Gott – niemandem Rechenschaft schuldig, was man mit seiner Zeit, seiner Kraft, seinem Verdienst macht, wie man sein Leben gestaltet. – Wenn man, wie ich es gern tue, in der Natur Stimmungen erleben und im Bild festhalten will, so muß man allein mit seinem Fotoapparat losziehen, und man wird spüren, daß er ein guter Begleiter ist. Er hilft einem, mit offenen Augen die Wunder der Natur zu schauen. Er drängt nicht, er ist sensibel, wartet geduldig, bis die Sonne hinter der Wolke vorkommt und alles in das rechte Licht taucht. – Technische Möglichkeiten zur Kontaktpflege, Telefon, moderne Verkehrsmittel, sind vorhanden. Kirchengemeinde, Vereine, Sport- und Wanderclubs, Chöre, Studienreisen, Kurse in der Volkshochschule bieten Möglichkeiten zur Gemeinschaft. Allerdings muß man von sich aus auf diese Angebote zugehen und sie ergreifen. Eine wichtige Chance ist auch, daß heute jeder Frau in Deutschland die Möglichkeit geboten ist, einen Beruf zu erlernen. Dadurch kann sie unabhängig werden. Sie muß nicht aus Versorgungsgründen irgendeine Ehe eingehen. Auch in der Partnerwahl kann die eigene Berufsausbildung Maßstäbe setzen.

Immer wieder ist es mir in meinem Leben begegnet, daß ich von verheirateten Frauen beneidet worden bin, weil ich mein Leben selbst gestalten kann. Solche Freiheit ist für mich in dem weiten Raum gegeben, daß wir Menschen unser Leben mit seinen Gaben und Schwächen vor unserem Schöpfer zu verantworten haben, der es uns anvertraut hat. Derartige Aussagen aus dem Mund von verheirateten Frauen konnten oft sehr ambivalent sein. Meist waren es Frauen, die von ihren Müttern sehr patriarchal erzogen worden waren, daß die Frau dem Mann untergeordnet sei und ihm zu dienen habe in der Küche, in der Familie, in der Erziehung der Kinder und in der Verfügbarkeit für ihren Mann. Diese Frauen waren ausschließlich für die Ehe erzogen worden und hatten darum auch keinen Beruf erlernen dürfen. Ambivalent waren diese Aussagen auch deshalb, weil das Selbstwertgefühl vieler Frauen darauf basierte, daß sie zu einer Ehe gekommen waren, die unverheiratete Frau aber nicht.

Ehe und Ehelosigkeit sind zwei verschiedene, aber gleichwertige Möglichkeiten einer Lebensgestaltung. Man muß sich für den einen oder den anderen Weg entscheiden. Die Bibel redet in diesem Zusammenhang vom Berufensein. »Jeder hat eine eigene Gabe von Gott, der eine so, der andere so« (1. Kor 7,7). Die menschliche Reife ist nicht abhängig vom Ehestand oder vom Zölibat, sondern vom einzelnen Menschen und davon, wie ihm die Arbeit an seiner ganzheitlichen Menschwerdung, die Entwicklung der individuellen Persönlichkeit gelingt.

Die Arbeit als Theologin fordert mich immer aufs neue. Sie hat mich immer wieder zur inneren Weiterentwicklung gezwungen. Dafür bin ich dankbar. Immer wieder mußte ich mich neuen Fragen stellen und für irgendwelche Probleme eine Antwort suchen. Ein Künstler, etwa eine Rezitatorin oder ein Musiker, reproduziert, was ein anderer geschaffen hat. Darin liegt viel Interpretationsarbeit, ein Nachempfinden dessen, was der Schöpfer dieses Kunstwerks gemeint hat. Als Theologin schreibe ich meine Texte selbst in Predigten, theologischen Aufsätzen oder in Vorträgen. Ich versuche vom Evangelium her Zeugnis zu geben, Aussagen zu machen zu Fragen unserer Zeit. Voraussetzung dafür ist eine gründliche Information, daß man sich Sachkenntnis erwirbt; auch im persönlichen Gespräch mit großem Einfühlungsvermögen zuhört. Fertige Antworten gibt es nicht. Bei der Arbeit mit der Bibel ist zu unterscheiden, was in ihr zeitgebunden ist und was nicht. In der Auslegung geht es also darum, aus den alt- und neutestamentlichen Texten den zeitlosen Inhalt herauszuschälen und in die Gegenwart zu übersetzen.

Das Alleinsein vermittelt mir mehr Zeit und Möglichkeiten für diese Aufgabe. Ob mir eine Ehe diese Chance und Bestätigung gegeben hätte? So sicher bin ich da nicht. Mein Beruf hat mich mit vielen Menschen zusammengeführt. Dankbar denke ich an bereichernde Gespräche und Begegnungen, die mich innerlich gefördert haben. Ersatz für Partnerschaft ist mir mein Beruf nicht geworden, aber er kurierte mich gründlich von dem Wunsch, zu heiraten, nur um verheiratet zu sein.

Alleinsein – Chance und Verzicht. Mein Beruf hat mich in enge Beziehung gebracht zu dem, der den Wunsch in mir geweckt hat, Theologie zu studieren und ein Leben lang in der Heiligen Schrift zu forschen. Wortverkündigung ohne diese ganz persönliche Beziehung erscheint mir nicht möglich. Das ist in der persönlich verpflichtenden Besonderheit des Pfarrberufs begründet. Der Pfarrer, die Pfarrerin vertreten keine Ideologie. Sie sind Zeugen. Dietrich Rößler versteht den Pfarrberuf als »Gesinnungsberuf«. Er begründet dies: »Der entscheidende Grund dafür liegt darin, daß die Glaubwürdigkeit dessen, was der Pfarrer in seinen beruflichen Äußerungen geltend macht, in dem Maße verloren wird, in dem er sich für seine Person davon distanziert.«

Mit leidenschaftlichen Worten beschreibt Martin Luther diesen Dienst: »Die vornehmste und erste aller Sorgen ist – könnte ich das doch mit Flammenworten in eure Herzen rufen! –, daß die Geistlichen vor allen Dingen Überfluß haben am Wort der Wahrheit! ... Zu allem anderen sind keine Geistlichen nötig ... Mag einer sonst keusch, leutselig, gelehrt sein, mag er die Einkünfte mehren, Häuser bauen, seinen Einfluß vergrößern, ja mag er Wunder tun, Tote erwecken, böse Geister austreiben: nur der ist Geistlicher und Hirte, der ein Bote Gottes ist, der das Volk Gottes mit dem Wort der Wahrheit leitet und ihm zu dieser göttlichen Geburt verhilft« (WA I,12ff.).

»Überfluß haben am Wort der Wahrheit«: Das ist das Geheimnis des Dienstes als Pfarrer und als Pfarrerin. Aber das ist auch das Geheimnis eines Christen, Mann und Frau. Das Zeugnis von Jesus Christus im Alltag, in der Arbeit, im Beruf und in der Familie ist nicht beschränkt auf den Dienst des Pfarrers. Das ist jedem an Christus Glaubenden aufgetragen (Apg 1,8).

In den Psalmen finden sich Stellen, die bildhaft die Beziehung Gottes zu denen, die allein sind, ansprechen: »Ein Vater der Waisen und ein Helfer der Witwen ist Gott in seiner heiligen Wohnung, ein Gott, der die Einsamen nach Hause bringt, der die Gefangenen herausführt, daß es ihnen wohlgehe« (Ps 68,6–7). Diese Beziehung, das Wichtigste für uns, ist nicht machbar, nicht zu erwerben. Sie ereignet sich für jeden geschenkweise. Den Anfang hat Gott in Jesus Christus gemacht. »Kommet her zu mir, alle...« – »Siehe, ich bin bei euch alle Tage...« (Mt 11, 28; 28,20). Schon im Alten Testament hat Gott damit begonnen: »Fürchte dich nicht, denn ich habe dich erlöst; ich habe dich bei deinem Namen gerufen; du bist mein!« (Jes 43,1)

Wieder liegt es an uns, ob wir dieses Geschenk annehmen oder nicht. Wir nehmen es an, indem wir dieser Stimme Raum geben in unserem Leben, Gottes Wort hören und lesen, gemeinsam im Gottesdienst und allein für uns, und wenn wir mit Gott sprechen im Gebet. Die Psalmen zeigen uns, wie offen ein solches Gespräch geführt werden darf. Wir erfahren Gemeinschaft, wenn wir Kontakte pflegen zu Menschen, die auch aus dem Vertrauen zu Gott und Jesus Christus leben. Dieser gemeinsame Glaube ist wie ein Steg, über den man zueinander gehen kann. Da kann erfahren werden, wie die Fremdheit weicht und Menschen sich nahe kommen. Im Gespräch lernen sie einander verstehen, leben sie doch aus demselben Urgrund des Glaubens, auch oder gerade weil jeder seine persönliche Eigenart hat. Es kann ein persönliches Teilnehmen am Ergehen des anderen erwachsen. Das ist ein Geschenk für das eigene Leben. Solche Erfahrungen machen dankbar und zuversichtlich, gerade wenn wir allein sind.

Freundschaft mit Frauen und Männern und Ehepaaren will gepflegt sein, damit nicht eine Entfremdung entsteht, aus der heraus ein gemeinsames Gespräch austrocknet und man nichts mehr miteinander zu reden weiß.

Dazu gehört auch die Frage, wie weit ich eine Freundschaft mit meinen persönlichen Schwierigkeiten belasten darf. Es wird auch hier um das doppelte Geschehen gehen, von dem Paulus spricht: »Einer trage des anderen Last, so werdet ihr das Gesetz Christi erfüllen.« – »Denn ein jeder wird seine eigene Last tragen« (Gal 6,2 und 5). Auch wenn ich es als beglückend empfinde, wenn andere mittragen an einer persönlichen Schwierigkeit, muß ich mir doch klar darüber sein, ob und daß mir persönlich diese persönliche Last auferlegt ist, nicht den anderen. Mir tut ihr Verstehen wohl, aus dem eventuell eine praktische Hilfe erwachsen kann; auch das Wissen um die Fürbitte der anderen ist eine große Hilfe.

Aus dem Wissen um generelle Schwierigkeiten sollten theoretische und praktische Lösungen erwachsen; zum Beispiel hat die Bereitschaft der verheirateten Frau zum Dienst und dessen Ausübung Konsequenzen. Die Berufstätigkeit der Frau darf nicht auf Kosten der Kinder gehen. Hier müssen Wege gesucht werden, etwa frauenfreundliche Arbeitszeiten. Modelle müssen erprobt werden. Dadurch wird auch die Stellung und der Aufgabenbereich des Mannes berührt. Geistige Regsamkeit und praktische Flexibilität sind gefordert.

Tragend für alle menschliche Beziehung ist unsere Beziehung zu Gott. Diese Beziehung beeinflußt letztlich auch unser eigenes Selbstwertgefühl. Mitten in den Nöten des Dreißigjährigen Kriegs hat Paul Gerhardt das so formuliert:

»Hab ich das Haupt zum Freunde und bin geliebt bei Gott,
was kann mir tun der Feinde und Widersacher Rott?«

Diese Freundschaft verleiht unserem Leben Wert und Sinn. Sie entreißt uns immer wieder dem Gefühl des Ungeborgenseins und der Angst.

»Du bist da! und keine Not
kann dein Michumweben enden.
Nicht das Leben, nicht der Tod
mag uns scheiden, du mein Gott!
Herr, ich bin in deinen Händen!«

(Arno Pötzsch)

Allein als Frau in einem Männergremium

Viele Jahre lang war ich als einzige Frau in verschiedenen Männergremien. Bei der ersten Sitzung, an der ich teilnahm, ereignete sich meist dasselbe, was den anwesenden Männern wohl gar nicht bewußt wurde. Ohne Worte solidarisierten sie sich unter dem Vorurteil: eine Frau versteht doch nichts von dem, was wir Männer beraten. Als ich zum ersten Mal, gewissermaßen als Alibifrau, in ein landeskirchliches Gremium gewählt wurde, machte ich eine interessante Erfahrung. Diese wirkte sich so aus, daß eine Wortmeldung von mir zunächst gar nicht wahrgenommen wurde. Man war es nicht gewöhnt, daß Frauen sich in »Männerangelegenheiten« mischten. Weil ich ruhig bei meiner Wortmeldung verharrte, wurde mir endlich doch das Wort erteilt. Nun machte ich einen sachlichen Einwand und begründete ihn kurz. Die Reaktion war erstaunlich. Es war, als ob ich nichts gesagt hätte. Die Diskussion ging weiter, ohne auf meinen Einwand einzugehen. Nach etwa 15 Minuten nahm einer der anwesenden Männer den von mir begründeten Einwand auf. Er brachte ihn aber als sein eigenes Anliegen vor. Die Wirkung war überraschend. Dies sei ein wichtiger Einwand, hieß es in der Runde, darüber müsse man sprechen. Ich verstand die Welt nicht mehr. Warum war derselbe Einwand plötzlich wichtig? Nur weil er aus dem Mund eines Mannes kam? Ich hatte damals nicht die Kraft, mich zu wehren, auch nicht, als anschließend der von mir vorgetragene Einwand im Sitzungsprotokoll dem männlichen Sitzungsteilnehmer zugeschrieben worden war.

In der Nacht nach dieser Sitzung hatte ich einige schlaflose Stunden. Da habe ich mir mein weiteres Vorgehen in diesen Männergremien überlegt. Es war mir klar, daß ich als einzige Frau in einem Männergremium keinen Widerspruch anmelden konnte, auch wenn er sachlich begründet war. Einen Widerspruch durch eine Frau, das waren die Männer nicht gewöhnt und fühlten sich in ihrer Ehre verletzt. Darum wählte ich einen anderen Weg. Ich kleidete von nun an jeden Einwand oder Widerspruch in eine Frage. Damit behielten die Männer ihre Ehre, daß ich, als Frau, sie fragte. Und auf diesem Weg waren sie auch bereit, sich dem sachlichen Anliegen zu stellen. Auch das war ein Lernprozeß, bis es gelang, zu gemeinsamen, partnerschaftlichen Beratungen zu kommen.

Ein erfülltes Alter fällt einem nicht einfach zu. Älterwerden will gelernt werden. Ein erfüllter Lebensabend hängt weitgehend vom früheren Leben des Betreffenden ab.

Der deutsche Mensch gilt im allgemeinen als tüchtig und fleißig. Die verschiedenen Berufe haben ihre eigenen Ausbildungsgänge mit Abschlußprüfungen. Man spricht von deutscher Wertarbeit, Made in Germany. Damit ist Spezialisierung und ständige Fortbildung verbunden. Man spricht davon, daß er oder sie ganz in seinem oder ihrem Beruf aufgehe. Solche Spezialisierung, mit starker Betonung der Leistung, kann zu einer Verkümmerung, zumindest zu einer starken Einseitigkeit führen, so daß Gaben, die im Menschen auch angelegt sind – musische, künstlerische oder Werte des Gemütes –, sich nicht genügend entfalten können. Alles konzentriert sich auf den Beruf und die darin zu leistende Arbeit.

Wenn nun bei der Zurruhesetzung dieses zentrale Gefordertsein durch die Arbeit plötzlich aufhört, dann entsteht eine Leere. Es kann sich ereignen, daß ein Mensch, der sich unter dem Streß seiner Arbeit auf seinen Ruhestand gefreut hat, nun plötzlich mit der gewonnenen Freiheit, mit der frei verfügbaren Zeit und Kraft nichts anzufangen weiß. Langeweile und das Gefühl der Sinnlosigkeit machen sich breit. Für ihn ist das Fabriktor geschlossen. Im Büro tut jetzt ein anderer seinen Dienst. Paul Tournier vergleicht diesen Zustand mit einer Pendeluhr, die bei der Zurruhesetzung einfach stehenbleibt. Aus der Angst, wie alles weitergehen wird, kann Gereiztheit oder auch Trauer und Niedergeschlagenheit entstehen.

Das Geburtsalter spielt keine große Rolle. Wichtig ist, wie ein Mensch sich zu seinem Alter stellt. Man kann in jungen Jahren schon alt wirken, wenn man aufhört, sich für andere Menschen und für seine Umgebung zu interessieren, wenn man in vorgefaßten Meinungen verharrt, ohne sich zu informieren oder durch andere Menschen in Frage stellen zu lassen. Ein Mensch kann schon in jungen Jahren alt sein, wenn er stagniert, nicht bereit ist, Neues in sich aufzunehmen und sich damit auseinanderzusetzen. Aber wenn ein Mensch mit warmem Interesse anderen Menschen begegnet, offen ist für ihre Freuden und Sorgen, wenn er sich innerlich nicht verschließt gegenüber dem weltweiten Geschehen unserer Zeit, dann bleibt er jung. Freude und Dankbarkeit erhalten uns lebendig, trotz mancher Schwierigkeiten und ungelöster Probleme. Praktisch wissen wir nie recht, welches Alter wir den Umständen entsprechend haben. Abwechselnd mögen wir uns für jung oder für alt ausgeben, es bleibt in unserem Verhalten immer ein Anteil Spiel, ein Anteil gesellschaftlicher Suggestion und Autosuggestion übrig.

Eines muß man gründlich und unverdrossen lernen – Pausen einzulegen. Konnte man früher sehr viel in den Tag hineindrükken, bis in die späte Nacht hinein arbeiten, wenn es nötig war, so kann man das bei zunehmendem Alter nicht mehr. Man muß sich überlegen, wie weit die Kraft reicht, und dementsprechend planen und seinen Tag einteilen. Sonst kann es einem passieren, daß einfach die Kraft verbraucht ist. Da hilft alle Energie nichts. Man muß eine Pause machen, damit es wieder weitergehen kann.

Ich selbst habe den Ruhestand als ein großes Geschenk erlebt. Jeden Monat kommt, was man finanziell zum Leben braucht, einfach, weil man ein Berufsleben lang dafür gearbeitet hat. Und nun hat man Zeit und kann sein Leben gestalten. Als Mitarbeiter(in) der Kirche tun sich viele Möglichkeiten auf, weiterhin – nun ehrenamtlich – tätig zu sein. Jetzt kann man sich die Aufgaben aussuchen, die einem liegen. So kann ein tätiger, mit Sinn und Freude erfüllter Ruhe-/Unruhestand entstehen. – Aber damit bin ich weit vorausgeeilt ... Zurück ins Damals.

Das Theologinnengesetz von 1948

Der Entwurf von 1945

Der Oberkirchenrat hatte schon 1945 einen Entwurf für eine Theologinnenordnung vorbereitet. Fünf Gründe machten diese Neuregelung des Dienstes der Theologinnen notwendig:

1. Unklarheiten über die Rechtsform des Berufs der Theologin mußten geklärt werden, wie sie in Eingaben der Dekanatämter Stuttgart und Cannstatt zum Ausdruck gekommen waren.

2. Die dienstrechtlichen Verhältnisse der Theologinnen in den Gemeinden waren unbefriedigend geregelt und ihre tatsächlich wahrgenommenen Aufgaben wurden oft durch die allgemeinen Erlasse des Oberkirchenrats nicht mehr gedeckt.

3. Die Übernahme der Theologinnen in ein ständiges Dienstverhältnis mußte erwogen werden, nachdem die badische Landeskirche ihre Theologinnen als Beamtenanwärterinnen behandelte und die hannoversche und bayerische Landeskirche eine analoge Revision ihrer Vikarinnenordnung erwogen.[1]

4. Die Verwendung der Theologinnen nach dem Krieg stand grundsätzlich zur Debatte. Die württembergische Kirchenleitung war nicht geneigt, die Ausweitung des Aufgabenkreises in Friedenszeiten aufrechtzuerhalten.

5. Auch in der Kirchenleitung hatte sich die Auffassung durchgesetzt, daß die seitherige Regelung ihrer Besoldung den Theologinnen nicht gerecht werde.

Der Oberkirchenrat war über die Punkte 1, 3 und 5 zu einer gewissen Übereinstimmung gekommen, aber nicht in den Punkten 2 und 4. Man sah in diesem neuen Frauenberuf eine Gefahr für die Zukunft des Pfarramts.

Prälat Lic. Schlatter vertrat als theologischer Berichterstatter

1945 die Linie, daß das Amt »über die Stufe einer Vikarin hinaus ausgebaut« werden müsse: »Innerhalb des umschriebenen Aufgabenkreises sollte nun aber den Vikarinnen, die sich in einer Reihe von Jahren bewährt haben, eine gewisse Selbständigkeit gegeben werden. Es muß die Arbeitsfreudigkeit lähmen, wenn die Vikarin durch Jahrzehnte hindurch nur in Abhängigkeit von ihrem Gemeindepfarrer, wirklich nur als Vikarin arbeiten kann. Es wird möglich sein, in einer ganzen Reihe von Städten, aber auch da und dort für einen Bezirk ein selbständiges Amt zu schaffen für kirchlichen Unterricht, für Frauen- und Jugendarbeit. In dieser Richtung ist die badische Landeskirche kräftig vorgegangen; dort wurden 9 ländliche Pfarrstellen umgewandelt in ständige Vikarinnenstellen in Städten und wurden in einer gemeinsamen, offenbar eindrucksvoll verlaufenen Feier die 9 ständig gemachten Vikarinnen in einem Gottesdienst eingesegnet. Wir sollten – das war die gemeinsame Meinung von uns Prälaten – in unserer württembergischen Kirche etwas Ähnliches tun. Daß die Kirche in den Zeiten, die vor uns liegen, die Hilfe der Theologinnen wird nicht entbehren können, ist leider gewiß. Vielleicht droht uns darin sogar eine ernste Gefahr, daß die Kirche für bestimmte Amtsaufgaben, etwa beim Mesneramt, beim Organistenamt, auch beim Amt des Kirchenpflegers mehr und mehr Schwierigkeiten hat, männliche Bewerber zu finden, und weibliche Kräfte einstellen muß; das wird bei den Mesnerinnen hie und da eine bessere Lösung sein, das ist auf der Orgelbank vielfach eine gute Lösung. Wir werden auch die Mitarbeit unserer Theologinnen nicht entbehren können, sondern planmäßig einsetzen müssen; wir werden darum aber auch das Amt über die Stufe einer Vikarin hinaus ausbauen müssen...«

Während ein Teil der Oberkirchenräte die Theologinnen in ein den Geistlichen entsprechendes Beamtenverhältnis aufzunehmen bereit war, betonten andere ihren grundsätzlichen Einwand gegen die »Mitarbeit der Theologinnen im geistlichen Amt«: »Die Einrichtung von Vikarinnen in der Form, wie sie unsere Landeskirche trotz der Mahnung von Kirchenpräsident D. Merz Zug um Zug weiter ausbaut, erscheint als Beginn einer

Fehlentwicklung, die nicht dadurch entschuldigt werden kann, daß sich einige wirklich treffliche Persönlichkeiten darunter finden.
Die Kathol. Kirche wird darüber lächeln, wenn wir den Mangel an Männern durch die Einstellung von Frauen bekämpfen, statt eine Zeitlang nur ›Männer‹ anzustellen, worauf wir Männer genug erhielten. Durch die Verwendung von Frauen im Pfarramt halten und treiben wir ohne Zweifel manchen Mann ab, die Gemeinden und erst recht die Frauengemeinden wollen einen Seelsorger, wie man beim Religionsunterricht längst zu der Erkenntnis gekommen ist, daß der Religionsunterricht auch an Mädchenschulen in die Hand von Männern gehört. Wenn ein Mädchen sich der Seelsorge und Verkündigung widmen will, soll sie nach dem Abitur in ein Diakonissen-Mutterhaus als Schwester eintreten; bewährt sie sich dort in besonderer Weise, so wird sie zum theologischen Studium befohlen und tritt nach bestandenem Examen in ihr Mutterhaus zurück, um sich als Theologin oder BK-Leiterin oder Seelsorgerin in Frauengefängnissen, oder auch als einfache Schwester verwenden zu lassen. Die Sorge der Überalterung und der Altersversorgung ist dann behoben, denn sie bleibt Schwester in ihrem Schwesternverband, wie sie stets das Diakonissenkleid trägt. Andernfalls schaffen wir uns Belastungen, die sich immer schwieriger werden tragen lassen, nicht bloß in finanzieller Hinsicht.«[2]

Gegen diesen Entwurf für eine Theologinnenordnung von 1945 erhob der Präsident des 3. Ev. Landeskirchentags Einspruch. Immer wieder tauchten neue Gründe auf, durch die die Inkraftsetzung der Theologinnen-Ordnung verschleppt wurde. Damit wurde auch die Gehaltsfrage der Theologinnen nicht gelöst. Sie bezogen nach wie vor das Grundgehalt von 1938.[3]

Die Debatte im 4. Evang. Landeskirchentag 1948

Das Kirchliche Gesetz über den Dienst der Theologinnen (Theologinnenordnung) vom 10. November 1948 ist aus vielen Spannungen entstanden. Es sind theologische Spannungen, die die Hermeneutik (Kunst der Auslegung und Erklärung biblischer Texte) betreffen. Spannungen entstanden auch an der Frage, welches Gewicht der Tradition gegeben wird und welche Rolle dabei die Soziologie spielt. Dabei geht es zum Beispiel um die Frage, ob das Patriarchat eine Schöpfungsordnung Gottes ist oder eine gesellschaftspolitische, soziologische Gegebenheit, die sich entwickelt hat und seit einigen Jahrtausenden besteht und darum auch in Deutschland so lange galt – und zum Teil heute noch praktisch gilt –, bis durch das Grundgesetz Art. 3 im Jahr 1949 theoretisch und in Form eines Gesetzes ein anderes Verhältnis der Geschlechter zueinander angesprochen worden ist.

Eine offene Frage war auch, ob der umfassende Einsatz, den die Theologinnen während des Zweiten Weltkriegs und danach geleistet haben, ein Dienst, der von den Gemeinden angenommen worden war, eine Entwicklung dieses Berufs zeigt oder ob die Ansätze einer Weiterentwicklung des Berufs der Theologinnen einfach gestrichen werden, weil dies nicht ins theologische und psychologische Konzept von verantwortlichen Kirchenmännern paßt. 1948 waren nur drei Frauen im Ev. Landeskirchentag.

Einig waren sich Oberkirchenrat und Landeskirchentag darin, daß die finanzielle Situation der Theologinnen geregelt und verbessert werden muß.

Der Gesetzestext, der aus diesen Spannungen entstanden ist, enthält darum viele Widersprüche. Auf der einen Seite und überwiegend setzt sich die pietistische Seite durch, die durch einige Voten aus der Aussprache, die diesem Gesetz vorausgingen, gekennzeichnet sein mögen: »Ein Mann wird von einer Theologin weder getraut, noch bestattet werden, noch aus ihrer Hand das Hl. Abendmahl empfangen wollen.« Diese Äußerung umschreibt den emotionalen Bereich, der durch die Theologinnenfrage angesprochen worden ist, der hineinreicht bis in das persönliche Leben, einschließlich der Ehe.

Nachdem der seit 1945 vorliegende Gesetzentwurf im 4. Ev. Landeskirchentag am 8. November 1948 durch einen theologischen und einen juristischen Berichterstatter erklärt worden war, wurde die biblisch-theologische Linie des Pietismus durch die grundsätzliche Stellungnahme des Abgeordneten B. vertreten:

»Mit der Theologinnenordnung stehen wir vor einer Frage von grundsätzlicher Bedeutung. Wäre die Kirche nur eine weltliche Organisation, so wäre die Frage, ob Frauen und Männer darin gleichberechtigt sein sollen, von untergeordneter Bedeutung, wenn nicht gegenstandslos. Da aber die Kirche Christi nicht Welt, sondern ein heiliger Raum ist, gelten darin die Gesetze des Heiligtums.

Bei der Beratung der Theologinnenordnung können darum nicht Maßstäbe angelegt werden, die die Frauenrechtlerinnen bei den weltlichen Berufen mit Erfolg zur Geltung bringen. Sie verlangen hier Gleichberechtigung von Mann und Frau. Diese Forderung kann im Raum der Kirche unmöglich gestellt werden. Wo die Gesetze des Heiligtums in der Kirche nicht angewandt werden, verunreinigt man diesen Ort und macht sich schuldig. Der Landeskirchentag will die göttlichen Gesetze nicht nur anerkennen, sondern auch durchführen ohne jedes Markten um den Sinn dieses oder jenes Ausdrucks im Wort Gottes, lediglich im Gehorsam gegen das klare Gottesgebot. Diesen obersten Grundsatz unseres Handelns im Landeskirchentag stelle ich meinen Ausführungen voran und halte ihn für verbindlich; denn der Landeskirchentag soll ein Wahrer, nicht ein Zerstörer der göttlichen Ordnungen in der Kirche sein.

Wir werden durch das Theologinnengesetz gewissermaßen vor vollendete Tatsachen gestellt. Die Frau fragt nicht, ob sie Theologin werden dürfe, vielmehr ist die Theologin da und wünscht eine ihrer Bildungslaufbahn entsprechende Dienststellung sowie eine diesem Dienst entsprechende wirtschaftliche Sicherung. Gerufen ist die Theologin nicht, sie stellt sich vielmehr selbst vor. Ich kenne keine Stelle im Worte Gottes, wo etwa nach Apostolinnen gerufen wird. Jesus erwählte zum Apostelamt nur Männer. Paulus und die anderen Apostel haben nirgends Frauen als Bischöfe eingesetzt, immer nur Männer. Jesus und die Apostel aber handelten im Sinne und Trieb des Geistes

Gottes. Auch wir dürfen den Theologinnen keinen zu breiten Raum in der Kirche gewähren, wollen wir uns nicht vergehen gegen den klaren Willen Gottes...

Aber wie es scheint, wollen die Theologinnen predigen, denn sie haben studiert. Hier drohen zwei große Mißverständnisse gefährlich zu werden. Erstens glaubt man, das Theologiestudium an sich befähige zu Predigt und Seelsorge; zum andern wird hier ein Anspruch auf das höchste Amt in der Kirche, auf die Wortverkündigung erhoben, womit weder der Herr der Kirche, noch seine Apostel je eine Frau betraut haben. Hier findet eine Grenzüberschreitung statt, und zwar das Überschreiten einer göttlichen Grenze auf Grund eines menschlichen Anspruchs. Dies wäre nicht nur eine unbiblische, sondern eine falschprophetische Linie. Es muß bei dem Wort des Apostels Paulus bleiben: ›Einem Weib gestatte ich nicht, daß sie lehre‹ (1. Tim 2,12); ebenso im 1. Korintherbrief 14,34: ›Eure Weiber lasset schweigen in der Gemeinde.‹ Hier liegt ein klares apostolisches Verbot vor, gesprochen in apostolischer Vollmacht. Ist etwa unsere Vollmacht größer als die des Apostels Paulus? ... Auf Grund des Wortes Gottes ist es uns nicht erlaubt, der Theologin das Recht der Wortverkündigung in der Gemeinde, d. h. vor Männern, Frauen und Kindern zuzuerkennen. Wir würden uns gegen den eindeutigen, klaren Wortlaut der Bibel versündigen.«

B. fordert auf, mit ihm »das Verlangen der Theologin« abzulehnen, »die mit eleganter, aber unerlaubter Handbewegung nach einem Bischofsamt greift, das doch nur Gott *verleihen* kann«.[4]

Nach diesen Ausführungen wurde die Sitzung abgebrochen und für den Nachmittag eine geschlossene Sitzung angesetzt. In der öffentlichen Sitzung am folgenden Tag (9. 11. 1948) wurde von verschiedenen Abgeordneten versucht, die Ehre und Motivation der Theologinnen, in gewissem Sinn auch die Ehre der Frau als Frau, wiederherzustellen. Besonders Professor Dr. Fezer betonte, daß er in Gesprächen mit Theologinnen »nie etwas anderes vernommen« habe als: »Helft uns doch zu einem geistlichen Gehorsam auch in der Ordnung unseres Dienstes … Wir möchten einfach für unseren Dienst einen sicheren Boden unter die Füße bekommen, der uns erlaubt, unseren geistlichen Dienst mit gutem Gewissen zu tun.«[5]

In dem Votum des Abgeordneten B. werden Anliegen des Pietismus in der Theologinnenfrage deutlich. Darum will ich näher darauf eingehen. Es ist die Rede vom »Gehorsam gegen das klare Gottesgebot«, »klaren Willen Gottes«, »klaren Wortlaut der Bibel«.

Gehorsam – der Wille Gottes – der Wortlaut der Bibel – damit ist eine Grundhaltung christlichen Glaubens umschrieben. Die Theologinnen der ersten Generation, die bis zum Verbot durch die Kirchenleitung im Jahr 1933 mit ihrem Theologiestudium begonnen hatten, haben versucht, aus dieser inneren Haltung heraus diesen schwierigen Weg zu gehen. Wie hätten wir sonst all die Demütigungen, das Gekränkt- und das innere Verletztwerden, diese über Jahrzehnte hinweg sich erstreckende kirchenrechtliche und finanzielle Unsicherheit ertragen können, wenn wir nicht versucht hätten, dies im Vertrauen und im Gehorsam gegenüber Gott zu tun. Zu gehen war dieser Berufsweg nur, wenn immer wieder versucht wurde, ihn als eine Form der Nachfolge zu begreifen.

In den Kantaten von Johann Sebastian Bach finden sich immer wieder Stellen, in denen es um Nachfolge geht; so in der Kantate »Mein Gott, wie lang, ach lange« (BWV 155). In einer Arie singen Alt und Tenor: »Du mußt glauben, du mußt hoffen, du mußt gottgelassen sein! Jesus weiß die rechten Stunden, dich mit Hilfe zu erfreun. Wenn die trübe Zeit verschwunden, steht sein ganzes Herz dir offen.«

Männer der Kirche – nicht alle vom 4. Ev. Landeskirchentag – haben gemeint, sie müßten christliche Werte gegenüber den Theologinnen, diesen »Frauenrechtlerinnen«, verteidigen. Vom »Überschreiten einer göttlichen Grenze auf Grund eines menschlichen Anspruchs« war die Rede.

Lob und Vertrauen entbinden Kräfte. Wir Theologinnen der ersten Generation wären dankbar gewesen für ein wenig Anerkennung und etwas Vertrauen als einer Möglichkeit, Gaben, die uns anvertraut waren, zu entfalten. So saßen wir etwas hilflos auf der Empore des Furtbachhauses, denn als Berufsstand waren wir in der Synode nicht vertreten.

Der Abgeordnete B. berief sich auf zwei Bibelstellen: »Es muß bei dem Wort des Apostels Paulus bleiben: ›Einem Weibe gestatte ich nicht, daß sie lehre‹ (1. Tim 2,12); ebenso im 1. Korintherbrief 14,34: ›Eure Weiber lasset schweigen in der Gemeinde.‹ Hier liegt ein klares apostolisches Verbot vor, gesprochen in apostolischer Vollmacht.«

Wenn es den Abgeordneten so um den »Gehorsam gegen das klare Gottesgebot« ging, warum hat man sich dann mit diesen zwei Bibelstellen begnügt und nur am Rande noch Galater 3,28 und 1. Korinther 11,3 hinzugenommen, was der Klarheit der biblischen Aussage nicht gerade förderlich war? Warum hat man sich nicht die Mühe gemacht, die ganze Bibel zu befragen, wie in ihr das Verhältnis von Mann und Frau dargestellt ist? Im Alten Testament hätte über die beiden Schöpfungsberichte 1. Mose 1 und 2 nachgedacht werden können, über die alttestamentlichen Verheißungen, daß Gott seinen Heiligen Geist über »Söhne und Töchter« ausgießen will. Die Evangelien hätten befragt werden müssen, wie sich Jesus zu den Frauen verhalten hat. Da wäre zu sehen gewesen, daß Jesus viele Zeichen aufgerichtet hat, um die Frau aus ihrer Unterdrückung herauszuholen. Die Apostelgeschichte und die reiche Briefliteratur des Neuen Testaments wäre zu befragen gewesen.[6] Seit 1945, seit der Entstehung dieses Gesetzentwurfs, der in vielen kirchlichen Ausschüssen beraten worden ist, wäre genügend Zeit dafür gewesen. Wahrscheinlich hielt dies niemand für nötig, weil es den Männern der Kirche klar war, welche Rolle die Frau einzunehmen hatte. Es sollte sich nichts ändern an den patriarchalischen Strukturen. Alles sollte so bleiben, wie es soziologisch und gesellschaftspolitisch geregelt war: der Mann oben, die Frau unten.

Dafür sprach auch die kirchliche Tradition. Aber gerade an der Tradition entsteht eine theologisch wichtige Frage. Zähes Festhalten an der Tradition kann ein Zeichen von Gehorsam und

Treue sein, aber es kann Gott auch, zumindest zeitlich, hindern, neue Wege mit seinen Christen und mit seiner Kirche zu gehen. »Das Verharren in der Tradition kann Gehorsam, aber auch Ungehorsam gegenüber dem Herrn der Kirche bedeuten. Das zeigt der Kampf Jesu mit den Schriftgelehrten und Pharisäern seiner Zeit, in dem er überaus scharfe Töne gefunden hat. Darum ist immer neu zu prüfen, wo ein Beharren oder ein Weiterschreiten geboten ist, wenn die Kirche nicht den Kairos, die Gottesstunde, verpassen will, wodurch sie steril würde für neue Aufgaben.

Jeder Bruch mit der Tradition erfordert ein Umdenken, das nicht ohne Schmerzen vor sich geht. Nur im gemeinsamen Hören auf die Schrift, im partnerschaftlichen Gespräch miteinander und mit Gott, kann die Kraft erwachsen, sich von Liebgewordenem zu lösen und offen dafür zu werden, daß der Herr seine Kirche nicht in der Tradition erstarren lassen, sondern sie Schritt für Schritt weiterführen will.«[7]

Unter den Abgeordneten wurde zäh, aber aus einer großen Verantwortung heraus um die Formulierung dieses Theologinnengesetzes gerungen. Die verschiedenen theologischen Meinungen, die unterschwellig auch von Macht- oder Angstgefühlen begleitet waren, wurden zu Gewissensentscheidungen. Von da her wurde die kirchenrechtliche Stellung der Theologin bestimmt.

Rückschauend kann man vielleicht sagen, dieses Ringen der führenden Männer der Kirche darüber, welche Stellung sie der Theologin als Frau zugestehen, ist zur Geburtsstunde dafür geworden, daß kirchliche Männer sich – wenn auch zögernd – bereit finden, auf gewisse Vorrechte, die das Patriarchat ihnen einräumt, zugunsten der Frau zu verzichten. Damit sind wir alle – Männer und Frauen – der biblischen Anthropologie näher gekommen.

Die Verabschiedung des Theologinnengesetzes

Am 10. November 1948 verabschiedete der Ev. Landeskirchentag ein »Kirchliches Gesetz über den Dienst der Theologinnen (Theologinnenordnung)«[8]. Im Vorwort wird festgestellt: »Die Mitarbeit der theologisch vorgebildeten Frau ist angesichts der heutigen Aufgaben der Kirche ein wichtiger Dienst geworden. Die Kirche hat die Eingliederung dieses Dienstes in den Organismus der kirchlichen Ämter, insbesondere sein Verhältnis zum Predigtamt, im Hören auf das Wort ihres Herrn zu ordnen.« Unter Hinweis auf die oben genannten Bibelstellen wird festgestellt: »Das geordnete öffentliche Predigtamt, das als solches die Leitung der Gemeinde in sich schließt, ist daher Aufgabe des Mannes.«

Aber wir Theologinnen wurden mit der »Amtsbezeichnung Pfarrvikarin« in den ständigen Dienst der Kirche übernommen zur »Mitarbeit im geistlichen Amt«. Diese bezog sich im Gottesdienst auf die »Verkündigung vor Frauen und Mädchen in Predigt, Andachten und Bibelstunden; Christenlehre für Töchter und Dienst in der Kinderkirche« – ebenso in der Seelsorge: Dienst an Frauen und Mädchen – überall »Mitarbeit«. Kasualien, Trauungen, Beerdigungen, Gemeindeabendmahl, das war alles verboten. Für uns alle galt § 13 (2): »Mit der Eheschließung endet das Dienstverhältnis der Theologin. Der Oberkirchenrat kann in Ausnahmefällen die Theologin im unständigen Dienst weiterverwenden.« Aber einen Kompromiß gab es, der einer Entwicklung dieses Dienstes etwas Raum gab: § 2 (3) »Wenn besondere Verhältnisse es erfordern und zulassen, kann der Oberkirchenrat den Aufgabenkreis der Theologinnen allgemein oder in einzelnen Fällen nach Anhörung des Kirchengemeinderats zeitweilig erweitern.«

Mit dieser Ausnahmegenehmigung arbeiteten wir Theologinnen noch zwei Jahrzehnte. Die finanziellen Fragen des Gehalts der Pfarrvikarinnen wurden im Landeskirchentag wohl erörtert, aber dann an den Oberkirchenrat delegiert. Nach verschiedenen Zwischenlösungen wurde am 23. 12. 1959 die gehaltliche Gleichstellung von Theologen und Theologinnen im Dienst der Landeskirche verordnet.

Von den 17 Theologinnen wurden 1950 neun Vikarinnen zur »Pfarrvikarin« ernannt und in den ständigen Dienst der Kirche übernommen. Sechs von ihnen standen in der Gemeindearbeit. Für sie wurde eine bewegliche Pfarrvikarinnenstelle an den Ort ihres seitherigen Wirkens gelegt. Weil es keine Möglichkeit gab, sich um eine Stelle zu bewerben, wurden wir gefragt, ob wir jetzt unsere Stellen untereinander tauschen wollten. Einmütig lehnten wir das ab mit der Begründung, daß jede von uns die speziellen Schwierigkeiten an ihrem Ort kenne und gelernt habe, sich einigermaßen damit zu arrangieren. Wir hofften, daß die Geschäftsordnung, die laut Gesetz für jede Pfarrvikarinnenstelle aufgestellt werden mußte, sich als Hilfe erweise. Drei Theologinnen waren in den Kirchlichen Werken tätig. Dort, wo sie einen selbständigen Arbeitsbereich hatten, wurden sie zu Pfarrvikarinnen ernannt.

Erst jetzt, nachdem ich gründlich die Protokolle des Ev. Landeskirchentags studiert und Akteneinsicht genommen habe, ist mir klar geworden, wie schwierig die Situation für uns Theologinnen damals war. Dafür noch einmal ein Beispiel. Der Dekan von Cannstatt und seine Frau waren gütige Menschen. Er hat meinen dienstlichen Einsatz gebraucht, daß ich in verschiedenen Kirchen in Cannstatt und in Dekanatsorten Wochen- und Sonntagsgottesdienste gehalten habe, weil noch längst nicht alle Pfarrstellen besetzt waren. Das Ehepaar hat mich spüren lassen, daß sie mich und meine Arbeit schätzen.

Der Dekan war im Begriff in den Ruhestand zu gehen. Aber er wollte mich, die erste Pfarrvikarin von Cannstatt, noch selbst »in einer der Investitur entsprechenden Feier vor der Gemeinde in ihr Amt« einführen. Darum mußte er die Feier etwas vorverlegen, noch ehe Ausführungsbestimmungen vom Oberkirchenrat vorhanden waren. Bei der Vorbesprechung im Dekanat merkte ich, daß der Dekan davon ausging, daß diese Feier in der Stadtkirche gehalten werde und daß er dabei die Predigt halte. Höflich machte ich ihn darauf aufmerksam, daß bei einer Investitur jeweils der, der investiert wird, die Predigt hält. Dies würde auch meinem damaligen Dienst entsprechen. Doch der Dekan meinte, es sei aber ein Hauptgottesdienst. – Hauptgottesdienst – mit diesem Begriff kann ich theologisch nichts anfangen. Soziologisch, terminbedingt, kirchenrechtlich mag er seine Bedeutung haben, aber nicht theologisch. »Wo zwei oder drei versammelt sind in meinem Namen, da bin ich mitten unter ihnen« (Mt 18, 20). Ich glaube nicht und finde auch keinen Beleg in der Schrift, daß Jesus seine Gegenwart vom Ort oder von einer Zeit abhängig macht. Aber wo er gegenwärtig ist, das ist ein Hauptgottesdienst. – Das habe ich in diesem Gespräch nicht gesagt. Aber ich habe ihn gefragt, ob er nicht den Prälaten Hartenstein darüber befragen wolle. Bei mir dachte ich in der Stille, daß es damals bei der Talarfrage so gut gegangen war. Diese positive Erfahrung könnte sich doch wiederholen.

So geschah es. Als ich wieder ins Dekanat bestellt wurde, berichtete der Dekan, daß auch der Herr Prälat der Meinung sei, dies sei ein Hauptgottesdienst. Aber er habe einen Vorschlag gemacht – dabei wurde der Dekan ein wenig verlegen –, ob wir nicht zu zweit auf der Kanzel stehen und uns den Predigttext teilen würden. Ich lächelte ein wenig und sagte: »Ich bin doch keine Schwarze aus der Mission, die man übersetzen und interpretieren muß.« Darum schlug ich vor: »Herr Dekan, wir machen meine Investitur in einem Jugendgottesdienst vormittags um 8 Uhr in der Stadtkirche, ich halte die Predigt. Sie setzen mich in das Amt ein, und um halb zehn Uhr halten Sie den Hauptgottesdienst.« So geschah es.

Es war an einem Sonntag im Februar 1950. Überall lag Schnee; aber die große Stadtkirche war um 8 Uhr früh voll von Menschen, die aus den verschiedenen Kirchengemeinden von Cannstatt, in denen ich gepredigt hatte, gekommen waren. Von den Emporen winkten die Jungen und Mädchen herunter, die der Jugendpfarrer zu diesem Jugendgottesdienst eingeladen hatte, hatte ich doch nach dem Krieg die weibliche Bezirksjugendarbeit im Dekanat und in Cannstatt aufgebaut und viele

Mädchenkreise in Cannstatt und im Bezirk besucht. Von den Gottesdienstbesucherzahlen her gesehen, konnte der »Hauptgottesdienst« nicht mithalten. Aber ich empfand diese Einsegnung inmitten dieser großen Gemeinde dankbar als Hilfe für meinen Dienst, den ich weiterhin als Predigtaushilfe in den verschiedenen Gemeinden tat.

Die weitere Entwicklung bis zum Theologinnengesetz von 1968

Persönliche Erfahrungen

Manche kirchlichen Zeremonien hatten sich eingespielt, die die Situation erhellen, in der wir Theologinnen uns damals befanden. Am Ende eines Gemeindeabends im Gemeindehaus war es Sitte, daß die Pfarrer ihre Schäflein mit Handschlag am Saalausgang verabschiedeten. Streng hierarchisch hatten sich die Pfarrerehepaare neben der Tür aufgebaut. Das ging dann so: »Gute Nacht, Herr Pfarrer!« Das galt dem ersten Pfarrer. »Gute Nacht, Frau Pfarrer!« Das galt dessen Frau, Nicht-Theologin. »Gute Nacht, Herr Pfarrer!« Das galt dem zweiten Pfarrer. »Gute Nacht, Frau Pfarrer!« Das galt dessen Frau, Nicht-Theologin. »Gute Nacht, Herr Vikar!« – Gute Nacht, Frau Vikar!« Das galt dessen Frau, Nicht-Theologin. Und zum Schluß: »Gute Nacht, Fräulein Volz!« Schmunzelnd tröstete ich mich damit, daß sich die Pfarrer und ihre Frauen mit dem Sammelbegriff »Pfarrer« oder »Vikar« begnügen mußten, während die Leute von mir den Namen wußten.

Immer, wenn ich auf dem Weg zur Steinhaldenkirche mein Fahrrad den Berg hinauf schob, begegnete mir ein Mann, der offenbar Cannstatt zustrebte. Ein Omnibus fuhr damals nicht, und am Sonntagvormittag war sonst kaum jemand unterwegs. Weil sich das ständig wiederholte, fingen wir an, uns im Vorbeigehen freundlich zu grüßen. Jeder hatte es eilig. Einmal fragte ich die Mesnerin, ob sie diesen Mann kenne. Sie kannte ihn. Er sei ein treues Gemeindeglied, der regelmäßig den Gottesdienst besuche. Aber immer, wenn ich zum Gottesdienst käme, suche er in Cannstatt einen Gottesdienst auf, in dem ein Mann predige. An einem Sonntag mußte ich rasch einspringen, mein Name war nicht angekündigt worden, und so entdeckte ich sofort, als ich zum Altar ging, daß dieser Mann hinten in der Kirche saß. Meine Befürchtung, er werde aufstehen und den Gottesdienst verlassen, war unbegründet. Er blieb und kam von da an regelmäßig, wenn ich predigte. Offenbar war sein Vorurteil, das damals viele Männer hatten, wir Theologinnen würden uns selbst und nicht das Evangelium verkündigen, überwunden worden.

Mit den Jahren fiel es mir schwer, die weiten Strecken mit dem Fahrrad zurückzulegen – hinauf auf die Steinhalde und nach Luginsland oder nach Mühlhausen, wo die Straße zwar eben, aber sehr lang war, entlang dem Neckar an Münster vorbei. Ich entschloß mich für ein Motorrad, denn zu einem Auto reichte mein kleines Gehalt damals nicht. Aber ich war mir klar, daß dies Anstoß erregen konnte, denn in diesen Jahren war es noch nicht üblich, daß Frauen Motorrad fuhren. Drum sprach ich mit einem Kirchengemeinderat darüber. Er war Prokurist und führend in der Hahnschen Stunde. Er hatte volles Verständnis dafür, daß ich für die weiten Wege einen Motor zu Hilfe nähme. Auch mit einer älteren Geschäftsfrau sprach ich darüber. Sie war dem Pietismus lebendig verbunden. Auf meine Frage, ob sie es schwer nehmen würde, wenn ich mir für die weiten Wege in meinem Dienst ein Motorrad anschaffen würde, antwortete sie, das könne sie nicht so schnell sagen. Darüber müsse sie innerlich still werden. Ich solle sie in einigen Tagen wieder fragen. Dabei hatte ich mein Motorrad schon längst bestellt. Als ich wieder zu ihr kam, sagte sie: Nein, es ist nichts in mir, was dagegen wäre. Aber nun müssen wir noch viel mehr für Sie beten. Ich empfand diese Antwort als beglückend, denn das ist Gemeinde, wenn eines für das andere einsteht.

Der erste Pfarrer der Kirche war in den Ruhestand gegangen. Der zweite Pfarrer wurde krank. Man sah, daß seine Krankheit länger dauern würde. Das Erntedankfest stand vor der Tür. Wer sollte den Gottesdienst halten? Theoretisch gab es drei Möglichkeiten: ein Pfarrer aus einer anderen Kirche, der an diesem Tag keinen Predigtdienst hatte – oder der Vikar, der im Sommer seine Erste theologische Dienstprüfung abgelegt hatte und knapp vier bis fünf Wochen im Dienst war – oder ich. Damals war ich über 25 Jahre im Dienst der Landeskirche. Aber ich bin eine Frau. So entschied man sich für den Vikar. Es war Sitte, daß die Kinderkirche, die damals viele Kinder umfaßte, nach der Predigt singend in die Kirche einzog und ich mit den Kindern am Altar eine kleine Spruchmotette gestaltete. Als ich mit dem Vikar darüber sprach, fügte ich hinzu: »Wenn es Ihnen recht ist, führe ich den Gottesdienst zu Ende.« Er war einverstanden, kam er doch aus einer Generation, für die es selbstverständlich war, daß Männer und Frauen Theologie studierten. Aber der erkrankte Pfarrer war nicht damit einverstanden. So kam es, daß ich nach der Spruchmotette den Altar wieder verließ und mich zu den Kindern stellte. Dem Vikar muß das peinlich gewesen sein, denn eine tiefe Röte überzog sein Gesicht, als er wieder vor den Altar trat. Ich habe das für mich persönlich irgendwie als wohltuend empfunden.

In einer der Kirchengemeinden in Cannstatt, in denen ich regelmäßig predigte, lebte eine ältere, vermögende Witwe. Sie hatte keine Kinder und litt an einer Altersdepression. Ihre Nichte, eine Akademikerin, die regelmäßig zu meinen Predigten kam, bat mich, ich möge doch ihre Tante besuchen. Ich bat den zuständigen Gemeindepfarrer um die Erlaubnis, die mir gerne gewährt wurde. Und so kam ich regelmäßig zu dieser alten Dame. Es erwuchs zwischen uns ein Vertrauensverhältnis. Als sie nicht mehr in ihrer Wohnung in Cannstatt allein leben konnte, veranlaßte ihre Nichte, daß sie in ein Altenheim nach Stuttgart übersiedelte. Und nun sprach mich diese Nichte wieder daraufhin an, ob ich dort ihre Tante besuchen würde; sie sei so allein. Ich fuhr hin und fragte sie dann bei meinem ersten Besuch, ob es keinen Seelsorger gebe für dieses Altenheim. Sie sagte, es komme ein junger Vikar, aber der stottere, und sie könne zu ihm keinen Kontakt gewinnen. So fuhr ich immer wieder nach Stuttgart. Ich hatte schon ein Motorrad. Bei dem geringen Verkehr damals nahm dies wenig Zeit in Anspruch. Wir kamen in unseren Gesprächen an viele Fragen. Und da fing sie eines Tages an und sprach die Bitte aus, ich möge sie nach ihrem Tod beerdigen. Ich verstand ihre Bitte. Sie wollte sich auf das Sterben und auf die Ewigkeit innerlich vorbereiten. Das wollte sie zusammen mit mir tun, damit ich um ihre inneren Anliegen wisse, sie begleite auf diesem ganz persönlichen Weg, und daß am Ende ihres Lebens nicht ein ihr völlig Unbekannter sie als eine ihm Fremde beerdige. Für mich war dies ein Suchen nach tragender Gemeinschaft in unserer Kirche im Blick auf das Sterben. Aber ich mußte ihr sagen, daß mir Beerdigungen nicht erlaubt seien. Sie konnte das gar nicht verstehen. Und es kam nun so, daß ihre erste Frage bei jedem Besuch war: »Sie beerdigen mich doch?« Und wenn ich dann sagen mußte: »Ich darf es nicht!«, so ging innerlich bei ihr irgendwie ein Rolladen herunter. Wenn ich nicht zuständig bin für ihre Beerdigung, so ist alles ins Leere gesprochen. So muß sie es empfunden haben. Aber damit erlosch die Voraussetzung für ein vertrauensvolles, seelsorgerliches Gespräch. Das spürte ich lebendig. Bei jedem Besuch wiederholte sich das.

Es wurde mir klar, ich muß etwas tun. Ich meldete mich im Dekanat zu einem Gespräch an. Der Dekan verstand sofort das seelsorgerliche Anliegen. Aber wir waren uns darin völlig einig, daß bei den vorliegenden Bestimmungen des Oberkirchenrats eine Erfüllung dieser Bitte nicht möglich war, zumal das Familiengrab auf dem Pragfriedhof in Stuttgart lag. Es wäre vielleicht möglich gewesen, diese Bitte zu erfüllen, wenn das Grab weit weg von Stuttgart auf einem einsamen Friedhof gelegen hätte. Aber so könnte vorher oder nachher ein Oberkirchenrat an einer Beerdigung teilnehmen... Die Folgen waren für mich nicht abzusehen.

Damit die seelsorgerlichen Gespräche nicht weiterhin durch ein Nein blockiert würden, bat ich um einen Termin beim Personalreferenten für die ständigen Geistlichen im Oberkirchenrat. Dort begegnete mir eine große Hilflosigkeit. Ich hatte auf eine

Ausnahmegenehmigung gehofft, damit der Bitte dieses der Kirche gegenüber freigebigen Gemeindegliedes entsprochen werden könne. Mir wurde gesagt, das müsse in Cannstatt entschieden werden. (Auf diese Weise hat sich der Oberkirchenrat verschiedentlich zu helfen versucht, wenn er in der Theologinnenfrage hätte eine Entscheidung fällen müssen. Eine derartige Entscheidung hätte er gegenüber dem Pietismus vertreten müssen, darum hielt er es für klüger, sie einer Kirchengemeinde zuzuschieben.) Ich fragte zurück, welcher Kirchengemeinderat diese Entscheidung treffen solle. – Der, in dem ich Sitz und Stimme hätte. – Wann ich diese Frage stellen solle? Würde ich sie sofort stellen, so würde ich damit das Beichtgeheimnis verletzen, was der Oberkirchenrat ahnden müßte. – Ich solle diese Frage stellen, wenn der Tod dieses Gemeindegliedes eingetreten sei, wurde mir gesagt. Ich konnte nur darauf hinweisen, daß eine Beerdigung schon 48 Stunden nach dem Eintritt des Todes möglich ist und ich mir nicht vorstellen könne, wie in dieser kurzen Zeit ein Kirchengemeinderat einberufen werden und über ein derart schwieriges Thema entscheiden könne. – Das Gespräch im Oberkirchenrat brachte kein Ergebnis.

Nun beschloß ich, eine etwas längere Pause bei meinen Besuchen einzulegen. Ich hoffte, die Frau werde ihre Frage ein wenig vergessen, so daß ein Neuanfang in unseren Gesprächen möglich würde. Allerdings war ich auch voll Zuversicht, daß die Situation von uns Theologinnen sich ändern werde, so daß ich ihre Bitte doch noch erfüllen könnte.

Da rief mich eines Tages die Nichte an und sagte mir, ihre Tante sei gestorben. Sie bat mich, wie es die Verstorbene gewünscht hatte, die Beerdigung zu übernehmen. Ich mußte sagen, daß ich von unserer Kirche keine Erlaubnis dafür bekommen hatte. Ein Pfarrer übernahm die Beerdigung. Ich war dabei und stellte fest, daß zu dieser Zeit kein Oberkirchenrat an einer anderen Beerdigung auf dem Pragfriedhof teilgenommen hatte.

Aber nun war ich in meinem Gewissen sehr belastet. Diese Frau hatte sich mit meiner Hilfe auf ihr Lebensende, auf Sterben und Ewigkeit vorbereiten wollen. Für ihr Empfinden war dies verbunden mit einer Beerdigung durch mich. Damit hatte sie recht, weil bei Kasualien der Vollzug und die seelsorgerliche Vorbereitung zusammengehören. Mit all meinem Bemühen hatte ich keine Sondererlaubnis »aus seelsorgerlichen Gründen« erwirken können. – Heute kann man sich das kaum noch vorstellen. War es engstirniges, liebloses Festhalten an Gesetzesparagraphen, Ängstlichkeit vor Schwierigkeiten mit dem schwäbischen Pietismus, was unsere Landeskirche veranlaßt hatte, sich in dieser seelsorgerlichen Frage so stur zu verhalten? Solche Schwierigkeiten hätten allerseits zu einem gründlichen Nachforschen in der Schrift über das Verhältnis von Mann und Frau führen können. Doch dies geschah nicht.

Später, als hauptamtliche Krankenhauspfarrerin, habe ich mich bei Tag und Nacht zu Sterbenden rufen lassen, wenn die seelsorgerliche Situation dies erforderte, und habe auch – als Ausnahme – eine Beerdigung übernommen, im Einverständnis mit dem zuständigen Gemeindepfarrer, wenn die Angehörigen oder die Sterbenden dies wünschten.

In einem eingehenden Brief, den ich vorher einem älteren Amtsbruder vorgelegt hatte, schrieb ich an den Oberkirchenrat, daß ich in meinem Gewissen belastet sei, weil unsere Landeskirche mit ihren Vorschriften für uns Theologinnen mich gehindert habe, seelsorgerlichen Beistand zu leisten. In einem persönlichen Gespräch mit Landesbischof D. Dr. Martin Haug, das sich mehrere Jahre später ergab, sagte er mir, er habe meinen Brief gelesen und auf den Rand geschrieben, man solle mir antworten. Ob ich eine Antwort erhalten habe? Das mußte ich verneinen. Ich weiß nicht, ob seine Anordnung oder eine Eingabe von Dekan Gotthilf Weber von Cannstatt (er war der Vertrauensdekan von uns Theologinnen, und über ihn war mein Schreiben an den Oberkirchenrat gegangen) es bewirkte – im Jahr 1953 erhielt ich die Erlaubnis vom Oberkirchenrat, Beerdigungen zu halten.

Es wurde mir immer klarer, daß diese Mischung von patriarchaler Macht und sturem Festhalten an der Tradition in der Theologinnenfrage unserer evangelischen Landeskirche nicht würdig ist, auch nicht ihrem Auftrag entspricht, ihr vielmehr schadet. Denn »dahinter steht die umfassendere Frage nach der Wertung und Stellung der Frau innerhalb der Kirche. Muß die Frau in der Gemeinde schweigen und sich dem Mann gehorsam unterordnen oder darf sie in der Kirche ebenso mündig sein wie in den Bereichen der Welt?«[1] In der Theologinnenfrage mußte theologisch, biblisch-exegetisch gearbeitet werden, um zu klären, was das Alte und das Neue Testament über den Menschen, über Mann und Frau und über ihr Verhältnis zueinander aussagen. An diese Arbeit machte ich mich nun. Außer bei Karl Barth war damals in den Kommentaren nur wenig zu finden.

In der Kirchlich-theologischen Arbeitsgemeinschaft (KTA) des Dekanats Bad Cannstatt hielt ich am 4. Dezember 1961 einen Vortrag über das Thema: »Ist die Theologinnen-Ordnung von 1948 revisionsbedürftig?« Dazu hatte ich Thesen erarbeitet, die den Teilnehmern vorher zugesandt worden waren. Dieser Vortrag war für mich die theologische Grundkonzeption, aus der heraus später die theologische Studie über das geistliche Amt der Frau, »Frauen auf der Kanzel?« und alle weiteren Aktivitäten entstanden sind. Hier diese Thesen:

»1. Die theologischen Erkenntnisse über das Verhältnis von Mann und Frau aufgrund neuerer Exegese und Dogmatik sind in der Theologinnen-Ordnung von 1948 nicht berücksichtigt.

2. Die Stellen 1. Kor 14,34 und 1. Tim 2,11ff. reichen nicht aus, um ein Verbot für Predigt und Sakramentsverwaltung durch die Theologin zu begründen.

3. Die Theologinnen-Ordnung von 1948 trägt der Tatsache nicht genügend Rechnung, daß die kirchengeschichtliche und soziologische Situation heute völlig verändert ist gegenüber der Situation der Urchristengemeinde.

4. Die theologischen Aussagen der Theologinnen-Ordnung von 1948 sind darum dogmatisch und exegetisch z. T. nicht haltbar.

5. Die Theologinnen-Ordnung von 1948 hemmt einen rationellen Einsatz der Theologinnen zum Dienst.

6. Bei der Theologinnenfrage geht es weniger um Standesinteressen, als um wesentlich größere Zusammenhänge, von deren Lösung die Glaubwürdigkeit der Ev. Kirche abhängt.«

Aktivitäten

Es wurde mir immer klarer, daß in der Frage nach dem Dienst der Theologinnen nicht mit Emotionen und Halbwahrheiten gearbeitet werden konnte. Im Krieg waren viele Theologen gefallen. Die Abiturienten wurden zum Wehrdienst eingezogen, konnten nicht studieren. Darum war ein empfindlicher Nachwuchsmangel entstanden, auch in der Kirche. Die Gemeinden wurden zur Fürbitte aufgefordert: »Bittet den Herrn der Ernte, daß er Arbeiter in seine Ernte sende« (Mt 9,38 / Lk 10,2). Aber wenn wir Theologinnen den Oberkirchenrat, etwa im Zusammenhang mit dem jährlichen Theologinnenkonvent, fragten, ob ein Pfarrermangel vorhanden sei, wurde uns ständig versichert, die Kirche habe genügend Pfarrer. Wir Theologinnen sollten keineswegs auf den Gedanken kommen, die Kirche brauche uns für den Dienst der Verkündigung des Evangeliums. Doch wurde unser Dienst von den Gemeinden, in denen wir als Pfarrvikarinnen arbeiteten, angenommen.

In die kirchliche Öffentlichkeit Württembergs geriet die Theologinnenfrage durch einen Artikel »Pfarrerin?«, den der Personalreferent im Oberkirchenrat, OKR P. Lutz, im Evangelischen Gemeindeblatt vom 18. 9. 1960 geschrieben hatte. Er wollte Gegnern und Befürwortern einer Ausweitung des Dienstauftrags der Theologinnen die weiterhin gültigen Grenzen dieser Tätigkeit ins Gedächtnis rufen, die die Theologinnen-Ordnung von 1948 gezogen hatte. Aber seine Absicht wurde ins Gegenteil verkehrt. Alfred Braun, Heilbronn, erhob scharfen Einspruch, den er an den Landesbischof, den Oberkirchenrat und den Präsidenten des 6. Landeskirchentags richtete. In äußerst polemischer Weise machte er die Theologinnenfrage zu einer Frage der rechten Schriftauslegung. Unter dem Titel »... denn es sind des

Herrn Gebote! (1. Kor 14,37)« erschien sein Einspruch im Oktober 1960 im »Lehrerboten« und ging als Flugblatt durch die Landeskirche.[2] Die Zulassung der Frau zum »Apostolischen Amt«, zum »Hirten- und Weideamt« (!) wird verworfen als »die Tragödie ohne Beispiel…, die sich in der Evangelischen Kirche heute auf breitem Raume abspielt. Schrecklich, es sagen zu müssen: hingegeben an den Zauber eines Neu-Rationalismus, hat sie sich nur allzu bereitwillig dem Geist einer Zeit ausgeliefert, die mit den fünf knappgesetzten Worten gehörig charakterisiert ist: ›Sie fürchtet Gott nicht mehr!‹« Erika Reichle schreibt dazu: »Die Tatsache, daß die Theologinnenfrage in dieser Weise zur Bekenntnisfrage werden konnte, zeigte, daß es den Theologen nicht gelungen war, Bedeutung und Recht der historisch-kritischen Exegese und ihrer Rückwirkung auf Lehre und Ordnung der Kirche den Gemeinden – und insbesondere jenen Gemeindegliedern, die sich mühten, ›mit Ernst Christen zu sein‹ – einsichtig zu machen.«

Diesem kräftigen Nein des Pietismus zur Theologin konnte nur mit biblisch-theologischen Argumenten begegnet werden. Anders war das Vorurteil nicht zu entkräften, uns Theologinnen gehe es um frauenrechtlerische Tendenzen, um Fragen der Gleichberechtigung. Nur auf dem Weg einer gründlichen exegetischen Arbeit, die sich nicht allein auf die bisher zitierten Stellen 1. Kor 14,34ff. und 1. Tim 2,11–15 bezieht, konnte der Widerstand des Pietismus überwunden werden. »Bittet den Herrn der Ernte…« Wir können Gott nicht vorschreiben, welches Geschlecht er beruft. Die ganze Bibel, das Alte und das Neue Testament waren zu befragen, was über Mann und Frau und über ihr Verhältnis zueinander ausgesagt wird. Zu fragen war auch nach dem Amtsverständnis der evangelischen Landeskirche. Im Lauf der Geschichte hatte das Amtsverständnis des evangelischen Pfarrers, weitgehend unbewußt, manche Züge des katholischen Priestertums übernommen und war innerlich fern vom Priestertum aller Gläubigen. Es mußte auch gefragt werden, welche Stelle heute der Tradition in der evangelischen Landeskirche eingeräumt wird.

So machte ich mich an die Arbeit und hielt am 4. Dezember 1961 in der Kirchlich-theologischen-Arbeitsgemeinschaft (KTA) Bad Cannstatt den erwähnten Vortrag: Ist die Theologinnen-Ordnung von 1948 revisionsbedürftig? Es gab eine sehr lebhafte Aussprache. Die KTA Bad Cannstatt bejahte die von mir in den Thesen begründete Revision der Theologinnen-Ordnung von 1948. Am 5. Dezember 1961 ging vom Dekanatamt Bad Cannstatt ein entsprechendes Schreiben an den Oberkirchenrat, dem meine Thesen beigefügt waren. Der Oberkirchenrat bestätigte den Empfang der Thesen, blieb aber weiterhin bei der von ihm vertretenen Linie, die 1962 in einem Schreiben an die Kirchenkanzlei der EKD zum Ausdruck kam[3]:

»Die grundsätzliche Einstellung der Württ. Kirchenleitung zur Theologinnenfrage ergibt sich aus der Theologinnen-Ordnung für die Württ. Evang. Landeskirche vom 10. November 1948 (...), bei der wir bleiben möchten.

Der Oberkirchenrat ist – von den umstrittenen Fragen grundsätzlicher Art abgesehen – der Auffassung, daß die Bestrebungen und Versuche, die Theologinnen generell in das gemeindeleitende Pfarramt zu bringen, zu wenig die wirklichen Verhältnisse berücksichtigen. Es wird darauf hingewiesen, daß nach der Württ. Theologinnen-Ordnung bei besonderen Verhältnissen der Oberkirchenrat im Einzelfall oder allgemein den Aufgabenkreis der Theologinnen nach Anhörung des betreffenden Kirchengemeinderats zeitweilig erweitern kann (§ 2 Abs. 3).«

Bei meinem Vortrag in der KTA lagen den Teilnehmern nur die von mir schriftlich erarbeiteten Thesen vor. Den Vortrag hielt ich anhand von Stichwortzetteln. Nachher arbeitete ich ihn wörtlich aus und widmete ihn Dekan Weber und seiner Frau. Er übersandte ihn sofort dem Oberkirchenrat. Damit war auch dieser direkt mit der biblisch-theologischen Auseinandersetzung konfrontiert. Die Kirchenleitung hatte in den zurückliegenden Jahren die Erfahrung gemacht, daß man uns Theologinnen in jeglicher Weise kräftig benutzen konnte, was aber von uns oft als Demütigung und Unterdrückung empfunden wurde. Und nun kam mit diesem theologischen Vortrag der biblische Nachweis, daß Mann und Frau zusammen der von Gott geschaffene Mensch sind und daß beide, bei aller Verschiedenheit, gleichen Rang und Würde vor Gott haben. Die leitenden Männer der Landeskirche konnten sich nicht mehr auf eine angeblich in der Bibel begründete Vormachtstellung des Mannes gegenüber der Frau berufen. Auch die theologische Wissenschaft hatte längst begonnen, sich dieser Erkenntnis zu öffnen.

Dekan Weber verschickte meinen Vortrag nebst Thesen Ende 1961 auch an die vier Prälaten, und ich selbst versandte ihn an eine Reihe von Pfarrern und Synodalen. Vom Oberkirchenrat wurde auf 26. 1. 1962 ein Gespräch mit uns Theologinnen angesetzt. Seit 1935 hatten sich die evangelischen Theologinnen in Württemberg zusammengeschlossen. Else Breuning leitete als Vertrauensvikarin diesen Theologinnenkonvent. In all den Jahren hat sie sich für die Belange der Theologinnen eingesetzt und die jährlichen Theologinnenkonvente geleitet. Sie wurde 1937 von der Kirchenleitung mit der Leitung des Diakonieseminars in Ludwigsburg-Hoheneck betraut. Siebzehn Jahre lang bildete sie Gemeindehelferinnen aus und sorgte auf diese Weise, daß es der Landeskirche in Württemberg nicht an hauptamtlichen kirchlichen Mitarbeiterinnen fehlte. Als ihr 1953 in Tübingen das dritte Klinikpfarramt (ein Seelsorgeauftrag beschränkt auf Frauenstationen) übertragen wurde, erhielt sie einen schönen Dienstwohnsitz in Tübingen. Von da aus konnte sie sich auch um die Theologiestudentinnen kümmern. Zusammen mit Else Breuning und noch drei Theologinnen bereiteten wir uns auf das Gespräch vor.

Die erste Frage, ob für den Oberkirchenrat aufgrund heutiger exegetischer Erkenntnisse dogmatische Bedenken gegen Wortverkündigung und Sakramentsverwaltung vor der ganzen Gemeinde durch Theologinnen bestehen, wurde zunächst überhört. Erst nachdem ich diese Frage zum dritten Mal gestellt hatte, wurde sie kurz mit Nein beantwortet. Dieser Vorgang zeigte mir, wie schwer es der Kirchenleitung fiel, dem biblisch-exegetischen Befund Rechnung zu tragen und kirchenrechtliche Konsequenzen daraus zu ziehen. In diesem Gespräch wurde außerdem festgestellt, daß es in der Kirche auch Wortverkündigung vor der ganzen Gemeinde gibt, die nicht mit der Leitung einer Gemeinde verbunden ist. Dabei ist an zweite und dritte Pfarrer einer Kirchengemeinde zu denken, auch an Sonderpfarrer und Laienprediger. Von diesem Blickwinkel her sollte sich für uns Theologinnen ebenfalls die Möglichkeit ergeben, eine Predigt vor der ganzen Gemeinde, vor Frauen und Männern, zu halten. Aber unsere Landeskirche sah doch lieber einen Mann auf der Kanzel, auch wenn er Nicht-Theologe war, als eine Theologin.[4] – Das Gespräch brachte keinen Fortschritt.

Massiver Widerstand gegen die Zulassung von Theologinnen zum geistlichen Amt kam 1963 durch eine Erklärung evangelisch-lutherischer Pastoren. Sie schließt mit folgenden Sätzen: »Die in einzelnen lutherischen Kirchen beschlossenen oder vorbereiteten Gesetze, wonach Frauen zum Geistlichen Amt zugelassen werden können, dürfen nicht anerkannt und auch um eines leidlichen Friedens und einer äußerlichen Einigkeit willen nicht toleriert werden. Sie müssen als Symptome der inneren Zersetzung und Verweltlichung der Kirche erkannt und aufgedeckt werden. Sie sind ein alarmierendes Zeichen, daß es für die evang.-luth. Gemeinden samt ihren Pastoren an der Zeit ist, Buße zu tun, zu bekennen und mit dem Apostelwort (Apg 5,29) Ernst zu machen: ›Man muß GOTT mehr gehorchen, denn den Menschen‹.«[5]

1964 lehnte der Oberkirchenrat, in Übereinstimmung mit dem Landeskirchentag, die Bitte des Theologinnenkonvents ab, daß die im ständigen Dienst der Kirche angestellte »Pfarrvikarin« die Amtsbezeichnung »Pfarrerin« führen darf.

Im Sommer 1965 gab Else Breuning, die den Konvent dreißig Jahre lang geführt hatte, diese Aufgabe auf. Ihrem Einsatz verdanken wir Theologinnen, was uns als Berufsstand von unserer Landeskirche bis dahin gewährt worden ist. Sie hat zusammen mit einem Arbeitskreis, dem auch ich angehörte, viele Eingaben an den Oberkirchenrat gemacht und viele Gespräche geführt.

Ich wurde zu ihrer Nachfolgerin gewählt. Einem Rundbrief von mir im Advent 1966 entnehme ich, in welche Richtung meine Gedanken über die Neugestaltung unseres Amtes damals gegangen sind. Denn das hatte ich mir aufgrund der Wahl fest vorgenommen: Das Amt der Theologin in der württembergischen Landeskirche mußte neu gestaltet werden. In diesem Adventsbrief finden sich folgende Gesichtspunkte für diese Aufgabe:

1. Die seitherige Mannigfaltigkeit des Dienstes (überparochialer Einsatz, Dienst in den Werken, in der Schule, im Krankenhaus) soll beibehalten bleiben.
2. Dazu soll die Möglichkeit der Übernahme eines Pfarramtes geschaffen werden.
3. Der Dienst der verheirateten Theologin muß geregelt werden – Teilzeitarbeit, evtl. beamtenrechtliche Anstellung.
4. Titelfrage.
5. Schaffung der gesetzlichen Möglichkeit, sich um eine Stelle bewerben zu können.
6. Klärung der Begriffe: Ordination, Investitur, Einsegnung, Amt.

Ich wagte mich an eine langwierige Aufgabe, in deren Verlauf mir von älteren Theologinnen gesagt wurde: »Lenore, höre auf! Du erreichst doch nichts. Du blamierst nur dich selbst und uns alle mit.« Doch aufhören durfte ich nicht. Ging es doch nicht nur um die Frauen, sondern um die ganze Kirche. Die Frauenfrage ist immer auch eine an die ganze evangelische Kirche gerichtete Testfrage. »Sie fällt den Männern als den Mitleidenden und Mitschuldigen nicht minder zu« (Trillhaas). In unseren Gemeinden standen wir damals vor der Frage, wie wir moderne, junge Frauen gewinnen, nachdem die ältere, traditionsgebundene Frauengeneration in die Alters- und Pflegeheime abwanderte. Für die moderne Frau waren wir Theologinnen ein Testfall, ob und wie die Kirche die Probleme der jungen Frauengeneration sieht und beantwortet. Muß die Frau in der Gemeinde schweigen und sich dem Mann unterordnen oder darf sie in der Kirche ebenso mündig sein wie in den Bereichen der Welt?

Im Herbst 1965 nahm ich Kontakt mit dem Evangelischen Pfarrverein in Württemberg auf. Ich besuchte Kirchenrat Schieber in Ludwigsburg und bat ihn, er möge sich dafür einsetzen, daß wir Theologinnen im Pfarrverein vertreten seien. Darauf erhielt ich zur Herbsttagung 1965 und zur Vertrauensmännerversammlung im Frühjahr 1966 eine Einladung. Freundlich wurde ich aufgenommen, durfte auch über die Situation von uns Theologinnen berichten, aber als Gast, ohne Stimmrecht. Im April 1966 schrieb ich an den neuen Vorsitzenden, Pfarrer Walter Bachteler, Stuttgart, und bat, daß die württembergischen Theologinnen durch eine stimmberechtigte Theologin im Pfarrverein vertreten sein möchten, wenn der Pfarrverein, entsprechend seiner Satzung, sich als Standesvertretung der ganzen württembergischen Pfarrerschaft verstehe und ihre Anliegen vertrete. Ich wies darauf hin, daß die Ruheständler und die Theologiestudenten eine eigene, stimmberechtigte Vertretung haben. Bei der Vertrauensmännerversammlung im Oktober 1966 wurde eine Satzungsänderung vorgenommen, nach der nun die Theologinnen in Württemberg im Pfarrverein durch eine stimmberechtigte Theologin vertreten sind. Die Vertrauensmännerversammlung wurde gleichzeitig in Vertrauensleuteversammlung umbenannt, »nachdem nun eine Dame mit dabei ist«.

Im Jahr 1966 erschien im Quell Verlag ein Handbuch für Kirchengemeinderäte, herausgegeben vom Oberkirchenrat der Ev. Landeskirche. In diesem Informationsbuch waren wir Theologinnen, als Berufsstand, schlichtweg vergessen worden. Das ist nicht verwunderlich, denn wir Theologinnen waren, im Gegensatz zu den Diakonissen und Gemeindehelferinnen, in der Ev. Landessynode nicht vertreten. Darum hatten wir Dekan Gotthilf Weber von Cannstatt gebeten, als unser Vertrauensdekan unsere Anliegen gegenüber der Landeskirche, dem Oberkirchenrat und der Synode zu vertreten.

In der Öffentlichkeit wußte man wenig von uns Theologinnen. Jede tat an dem Ort, an dem sie eingesetzt war, in großer Stille ihren Dienst. Aber unsere Landeskirche war gefragt, wie sie mit dem Angebot von theologisch ausgebildeten Akademikerinnen umgeht. Diese Frage durfte nicht totgeschwiegen werden, denn sie berührte die Glaubwürdigkeit unserer Kirche. Darum entschloß ich mich, zusätzlich zu den Vorträgen, die ich hielt, eine theologische Studie zu erarbeiten, die auch über den Buchhandel verbreitet werden sollte. Ich wollte durch solide theologische Arbeit dem Oberkirchenrat und der Landessynode ein theologisch gutes Gewissen vermitteln in der Hoffnung, daß sie uns Theologinnen ein Pfarramt anvertrauen. Diese Studie mußte kurz und faßlich geschrieben sein, damit sie gelesen wird, und sie mußte auf die Bedenken des Pietismus eingehen. Ich bat Dekan Gotthilf Weber, Pfarrer Immanuel Steudle, Pfarrer Reiner Mauk und seine Frau, Vikarin Eva Mauk, und Pfarrvikarin Käthe Kunz; zu sechst arbeiteten wir im Team an der Studie über das geistliche Amt der Frau in der Kirche. Unter dem Titel: »Frauen auf der Kanzel? Eine brennende Frage unserer Kirche« gab ich sie 1967 im Quell Verlag heraus. Es war mir gelungen, den damaligen Kirchentagspräsidenten Dr. Richard von Weizsäkker für ein Geleitwort zu unserer Studie zu gewinnen.

Im Team wurde uns klar, daß wir gleichzeitig mit unserer theologischen Studie auch einen Entwurf für ein kirchliches Gesetz über den Dienst der Theologin erarbeiten mußten. Dazu brauchten wir einen Juristen. Darum wandte ich mich an Rechtsanwalt Dr. Schaudt. Nachdem er sich vom Oberkirchenrat das Einverständnis eingeholt hatte, fertigte er den Entwurf an aufgrund unserer Studie und der vorhandenen Theologinnengesetze anderer Landeskirchen. Bis auf Württemberg und Bayern hatten die Landeskirchen der EKD schon Theologinnengesetze. Bei der Gestaltung dieses Entwurfs räumte Dr. Schaudt uns Theologinnen ein Mitspracherecht ein. Dieser Entwurf ging ebenfalls an den Oberkirchenrat, wurde dort überarbeitet und an die Landessynode weitergeleitet.

Anfang Dezember 1966 waren Dekan Weber und ich zu einem mehrstündigen Gespräch bei Landrat Klumpp in Tübingen. Er war der Präsident der Landessynode. Ihm berichteten wir über die Situation von uns württembergischen Theologinnen, die gegenüber den meisten anderen Landeskirchen der EKD weit zurücklag. Mit Interesse vernahm er, daß ich seit einem halben Jahr mit einem Team an einer Studie über das geistliche Amt der Frau arbeitete. Das Gespräch mit Präsident Klumpp, das in einer sehr guten, offenen Atmosphäre geführt wurde, ergab: 1. Die Studie soll bis Ende März der Synode und dem Oberkirchenrat vorgelegt werden. 2. Präsident Klumpp will sich persönlich dafür einsetzen, daß die Theologinnenordnung schon bald in Angriff genommen wird.

Inzwischen hatte auch der Oberkirchenrat ganz in der Stille begonnen, Versuche zu machen. Er setzte dafür Vikarinnen ein, die er als »Vikarin auf Dienstaushilfe« mit den Aufgaben eines Gemeindepfarramtes betraute. Vielleicht haben manche dieser jungen Kolleginnen gedacht, ihrem jugendlichen Charme sei gelungen, was uns älteren nicht möglich war. So war es nicht. Der Oberkirchenrat hatte sachlich und nüchtern überlegt, daß eine Vikarin sofort versetzt werden kann, falls es Schwierigkeiten geben sollte, was bei einer beamtenrechtlich angestellten Pfarrvikarin viel schwieriger wäre.

Am 28. November 1966 hielt ich einen Vortrag über das Thema: »Das geistliche Amt der Frau als Frage an die Kirche und an den einzelnen« in der Ausschußsitzung der Frauenarbeit der Evang. Landeskirche in Württemberg. Zu dieser monatlichen Sitzung kommen Vertreterinnen der verschiedenen evangelischen Frauenverbände, die es in der württembergischen Landeskirche gibt. Frau Hildegard Leuze, die Vorsitzende, unterstützte uns Theologinnen sehr. Darum hatte sie zu dieser Sitzung auch die dreizehn weiblichen Synodalen eingeladen. Inzwischen hatte ich auch ein Auto und hielt nun im Raum der Landeskirche Vorträge über diese Thematik, die je nach Bedarf formuliert wurden.

Einmal wurde ich eingeladen, im Hohenloher Land in einem Pfarrkranz einen Vortrag zu halten. Als der Vortrag vier Wochen vorher angekündigt wurde, sagte eine ältere Pfarrfrau, ihr Gewissen verbiete es ihr, die Pfarrvikarin anzuhören. Was befürchtete sie für sich oder ihren Mann? Natürlich berührten diese Fragen auch das Selbstverständnis von Mann und Frau. Der Vortrag unterblieb. Der Widerstand kam von einer Frau, und die Männer waren damit einverstanden. Ich wurde viel eingeladen, aber auch vorgeladen, zum Beispiel in Gesprächskreise, um Rechenschaft zu geben.

Die Oberkirchenräte unserer Landeskirche in Württemberg dachten in der Theologinnenfrage kontrovers, pro und contra. Plötzlich hatte ich, ganz ohne mein Zutun, einen heißen Draht zum Oberkirchenrat. Auf Umwegen war mir signalisiert worden, man wolle uns Theologinnen helfen. Dafür war ich natürlich sehr aufgeschlossen und dankbar. Praktisch ging es darum, daß ich in Erfahrung bringen sollte, ob ein bestimmter Theologieprofessor bereit sei, vor der Landessynode einen Vortrag zu halten, der in positivem Sinn die Theologinnenfrage vorwärts bringt. Ich nahm Kontakt mit diesem Professor auf und erhielt ein Nein. Darauf wurde mir Ephorus Dr. Rosenboom (Dortmund) genannt. Er sagte zu. Und nun erfolgte die offizielle Einladung durch den Oberkirchenrat. Dekan Weber warb unterdessen für dieses Unternehmen in der Synode, und ich machte Dr. Rosenboom vertraut mit unserem Anliegen. Der Ausschuß für Lehre und Kultus und der Rechtsausschuß berieten schon im Frühsommer 1967 über unsere Studie »Frauen auf der Kanzel?«. Ich mußte dafür einen Vorabdruck fertigstellen lassen. Ehe ich diese Studie dem Quell Verlag in Druck gab, sandte ich sie Ephorus Professor Dr. Friedrich Lang nach Tübingen. Ihn und seine verehrte Frau kannte ich schon seit vielen Jahren. Darum bat ich ihn um sein fachliches Urteil, gehörte er doch als zugewählter Abgeordneter der Synode an. Er lud unser Team nach Tübingen ein und hielt mit uns ein mehrstündiges theologisches Seminar, das in vielerlei Beziehung für uns gewinnbringend war.

Der Quell Verlag übernahm den Druck der Studie. Ich mußte mich verpflichten, 1000 Stück abzusetzen. Es waren dann etwa 1200 Exemplare, deren Verkauf ich vermittelte. Der Oberkirchenrat sandte die Studie nebst seinem Entwurf für ein Theologinnengesetz den Synodalen der Landessynode und den Dekanatämtern zu, letzteren mit dem Angebot, nach Bedarf weitere Exemplare zu liefern. Es waren nur einzelne Dekanate, die von diesem Angebot Gebrauch machten, vor allem die, in denen eine Theologin Dienst tat. Nach dem Versand habe ich mir die Liste der Landessynode vorgenommen und jeden Namen, deren Träger(in) mir persönlich bekannt war, mit einem Bleistiftstrich versehen. Es waren zwei Drittel aller Synodalen. Mit jedem einzelnen von ihnen nahm ich Kontakt auf, schriftlich oder telefonisch. Mit den meisten gab es persönliche Begegnungen anläßlich von Tagungen oder kirchlichen Veranstaltungen. Viele persönliche Einzelgespräche ergaben sich auch am Wohnort oder in der Wohnung der einzelnen Gesprächspartner. Oft waren es theologisch hervorragende Gespräche, die mich mit Freude und Hoffnung erfüllten, weil ich den Eindruck hatte, daß man sich theologisch gut verstand. Aber dann kam zum Schluß eines solchen Gespräches eine Äußerung, die ich mehrmals zu hören bekam: »Sie haben Ihr Anliegen sehr gut vertreten – aber mich haben Sie nicht überzeugt!« Da wußte ich, daß dieses Nein nicht in der biblisch-theologischen Exegese seinen Grund hat, sondern in ganz persönlichen, psychologischen Beweggründen. Die Betreffenden ahnten wohl, daß mit einem Ja zu dieser biblisch-theologischen Exegese für sie selbst zu viel auf dem Spiel stand – für ihr eigenes Selbstverständnis, für ihre Ehe und für die Erziehung ihrer Kinder.

Dafür habe ich auch heute noch Verständnis, weil menschlich-persönliche Beziehungen zwischen Mann und Frau, die drei bis vier Jahrtausende lang patriarchalisch geprägt und scheinbar biblisch begründet waren, sich nicht plötzlich umwandeln lassen. Jedes Umdenken erfolgt wachstümlich und braucht Zeit.

Interessante Erfahrungen habe ich auch mit christlichen, genauer mit evangelischen Buchhandlungen gemacht. Da, wo ich persönlich bekannt war, habe ich gefragt, ob die Buchhandlung bereit sei, unser Buch im Schaufenster auszustellen. Nur einmal wurde mir von einem Buchhändler gesagt, dieses Buch passe nicht in sein Schaufenster. Anscheinend wollte er an einem solchen Buch nichts verdienen.

Exkurs: Theologische Arbeit
Zum biblischen Verständnis von Mann und Frau[1]

Wer exegetisch arbeitet und aus dieser Arbeit konkrete Schlüsse für seine eigene Lebensführung und für die kirchliche Praxis zieht, muß Klarheit über sein Verständnis der Heiligen Schrift gewinnen und geben. Ich schließe mich Adolf Schlatter an: Durch die Schrift wird uns »die göttliche Gnade und Wahrheit vermittelt ... Das tut sie so gewiß, als sie uns den Christus zeigt.« – »Um das Schriftwort in uns zu empfangen, müssen wir es hören, und dies so, daß wir im Hören unterscheiden lernen zwischen dem, was wir zu bejahen haben, und dem, was für uns überhaupt vergangen oder jetzt noch nicht verwendbar ist.« – »Daß wir uns verdeutlichen, wann und wie weit das den Propheten und Aposteln Gegebene auch für uns Wahrheit und Geltung hat, ist eine unentbehrliche Voraussetzung für unsern Gehorsam. Versäumen wir diese Arbeit, so tritt an die Stelle des Gehorsams die Nachahmung, die, indem sie tun will, was David oder Paulus taten, das nicht tut, was wir heute zu tun haben.«[2]

Diese Unterscheidung zwischen historisch Vergangenem und für uns Gültigem in der Bibel ist auch wichtig, wenn wir danach fragen, was uns Altes und Neues Testament über das Verhältnis von Mann und Frau zu sagen haben.

Altes Testament

Grundlegend sind die beiden Schöpfungsberichte in 1. Mose 1 und 2 und die Erzählung vom »Sündenfall« in 1. Mose 3. In 1,27 wird die fundamentale Aussage »Gott schuf den Menschen« in zweifacher Weise näher bestimmt: Er schuf ihn »zu seinem Bilde«, und er schuf ihn »als Mann und Frau«. »Zu seinem Bilde« meint: Der Mensch – jeder Mensch, ohne Ausnahme – ist das Gegenüber Gottes, sein Ansprechpartner, »in dem der freie Schöpfer sich selbst anschaut« (Dietrich Bonhoeffer); der übrigen Schöpfung gegenüber ist er ein »Hoheitszeichen Gottes«, dessen »Repräsentant« (Gerhard von Rad). Er ist das einzige

Geschöpf, mit dem Gott redet (1. Mose 2 schildert das bildhaft) und dem als Antwortendem Verantwortung für alles Geschaffene übertragen wird (1,28; 2,15). – Diese besondere Beziehung zu Gott gilt für den Menschen »als Mann und Frau«: Er ist nicht als Einzelwesen geschaffen, sondern bedarf der Ergänzung. 1. Mose 2 erzählt, warum: »Und Gott der Herr sprach: Es ist nicht gut, daß der Mensch allein sei; ich will ihm eine Gehilfin machen, die um ihn sei« (2,18). Aus dieser Stelle, genauer: daraus, daß hier zuerst der Mann und nach ihm die Frau geschaffen wurde (der jüngere Text 1,27 kennt dieses Nacheinander nicht!), zog schon die jüdische Schriftauslegung und später auch die christliche den Schluß, die Frau sei dem Mann auch im Rang und Wert nach- und deshalb untergeordnet. Luthers Übersetzung »Gehilfin, die um ihn sei« festigte dann diese Deutung noch. Diese Übersetzung ist aber falsch; richtig wäre »Hilfe wie ein Gegenstück von ihm«, »Hilfe, die ihm entspricht«[3]. »Es ist von einem Beistand geredet, von dem, was dem Menschen Inbegriff innerer und äußerer Förderung werden soll« (von Rad). Mann und Frau sind einander also nicht über- oder untergeordnet, sondern als Partner einander zugeordnet. Die personale Beziehung zu Gott und zum Mitmenschen ist beiden gleichermaßen geschenkt. Beide erhalten den lebenschaffenden Auftrag Gottes: »Seid fruchtbar und mehret euch und füllet die Erde«, und beiden wird die Herrschaft über die nichtmenschliche Schöpfung übergeben (1,28). Nur gemeinsam können Mann und Frau ihre Gottebenbildlichkeit verwirklichen, nur gemeinsam ihren Auftrag in der Welt ausrichten und nur gemeinsam dafür die Verantwortung vor Gott tragen.[4]

In 1. Mose 3 betont der Erzähler, daß die Schöpfung durch die Sünde tief gestört, ihre Ordnung verkehrt wurde. Der Mensch muß den Gottesgarten verlassen und der Erde im Schweiß seines Angesichts die tägliche Nahrung abringen (3,17–19). Auch das Verhältnis der Geschlechter zueinander wird gestört; die Frau wird zum Besitz des Mannes degradiert, nur unter Schmerzen bringt sie neues Leben zur Welt. Und dieses wie alles andere Leben ist vom Tod überschattet.

Die jüdische Auslegung sah in 1. Mose 3 ein Strafurteil Gottes, eine Gerichtsordnung, die die Schöpfungsordnung abgelöst habe: »Er (der Mann) *soll* dein Herr sein« (3,16). Die christliche Theologie ist ihr darin gefolgt. Erst in unserem Jahrhundert hat sich eine andere Interpretation durchgesetzt: 1. Mose 3 beschreibt nicht (legislatorisch) einen Soll-Zustand, sondern (indikativisch) einen künftigen Ist-Zustand: »Er *wird* dein Herr sein.« Nicht der Schöpfungswille Gottes wurde durch den »Fall«, den Ungehorsam des Menschen, der gottgleich sein wollte, verändert, sondern die Schöpfungswirklichkeit. Die von Gott »gut«, ja »sehr gut« geschaffene Welt (1. Mose 1,31) ist es nicht mehr, das Verhältnis des Menschen zu Gott und zu seinem Mitmenschen (und damit auch das Verhältnis von Mann und Frau) ist gestört. – Daß dies kein End-Zustand ist, ist zentraler Inhalt jüdischen wie christlichen Glaubens (manche christlichen Ausleger haben in 1. Mose 3,15b einen prophetischen Hinweis auf Christus gesehen, in dem die Herrschaft der Sünde ihr Ende findet).

In der Zeit nach dem Exil galt die Frau im Judentum aufgrund von 1. Mose 2,21f. als »in jeder Hinsicht geringer als der Mann« (Josephus). Er allein war nun das Ebenbild Gottes, ihm als ihrem Herrn schuldete die Frau Gehorsam. »Die Frau wurde in erster Linie als Geschlechtswesen betrachtet und deshalb möglichst von der Außenwelt abgeschlossen und der Gewalt des Vaters bzw. des Gatten übergeben.«[5] Bei ihrer Geburt herrschte Trauer, und der fromme Jude dankte Gott (und dankt ihm noch heute), daß er ihn nicht als Heiden, als Frau und als Unwissenden geschaffen hat. Sie galt als leichtfertig, zuchtlos und der Zauberei verdächtig. Vor Gericht durfte sie nicht Zeuge sein, denn ihre Worte galten als unzuverlässig. Der Mann sollte jedes unnötige Wort mit ihr vermeiden, auch mit der eigenen Ehefrau. Für einen Thoraschüler und -gelehrten galt es als unschicklich, ja schimpflich, auf der Straße mit einer Frau zu reden, und sei es die Ehefrau, Tochter oder Schwester. Im Eherecht zeigte sich die Geringschätzung der Frau besonders deutlich. Ein Mann konnte

sie »erwerben« wie einen heidnischen Sklaven oder eine Sklavin. Nur sie war zu ehelicher Treue verpflichtet, dem Mann waren Nebenfrauen erlaubt, sofern es sich nicht um die Frau oder Verlobte eines jüdischen Mannes handelte. Nur der Mann konnte die Ehe auflösen, auch aus nichtigem Anlaß (eine angebrannte Mahlzeit konnte genügen). Auch die religiösen Rechte und Pflichten der Frau waren eingeschränkt. Ihr Platz im Tempel waren Vorhöfe, die sie mit den »Heiden« teilte, in der Synagoge ein Raum, der von dem der Männer durch Schranken oder Gitter getrennt war. Sie galt nicht als volles Mitglied der Gemeinde, und das Thorastudium war ihr verboten. Nicht einmal ein Tischgebet durfte sie in Gegenwart anderer sprechen.
Diese Abwertung der Frau setzte gleichzeitig mit der Ablösung der Prophetie durch das priesterliche Amt ein. (In der Zeit vor dem Exil gab es in Israel noch Frauen, denen aufgrund ihrer göttlichen Berufung ein besonderer Platz im politischen, religiösen und sozialen Bereich zuerkannt wurde[6]; die wohl »prominenteste« war die Stammesführerin – »Richterin« – Debora, Ri 4,4). Es ist sicher kein Zufall, daß sich der gleiche Prozeß in der frühen Kirche wiederholte: Mit dem Aufhören der Geistesgaben und dem Vordringen des Priestertums begann erneut die Entmündigung der Frau.

Neues Testament

Aufgehoben hatte sie Jesus von Nazareth. Sein Verhalten gegenüber Frauen schockierte nicht nur die ihm distanziert gegenüberstehenden Zeitgenossen, sondern auch seine Anhänger: Er sprach mit Frauen in der Öffentlichkeit, er berührte sie und ließ sich von ihnen berühren, er nahm sie in seine Gefolgschaft auf und ließ sie für seinen Lebensunterhalt sorgen, er unterwies sie in der Thora und berief sie zu den ersten Zeuginnen seiner Auferstehung. Auch in seinen Reden und Gleichnissen stellte er sie den Männern gleich: Die verkrümmte Frau nennt er Abrahams Tochter, den Zöllner Zachäus Abrahams Sohn; dem bittenden Freund stellt er die bittende Witwe und dem das verlorene Schaf suchenden Hirten die die verlorene Drachme suchende Frau zur Seite. Entscheidend ist für Jesus nicht, ob ein Mensch Mann oder Frau ist, sondern ob er oder sie den Willen Gottes tut. Dieses Kriterium hebt den Rangunterschied der Geschlechter auf und stellt Mann und Frau einander gleich.[7] Jesus hat es also »vermieden, sein Handeln danach zu differenzieren, ob es einem Mann oder einer Frau galt. Und er hat durch Zeichen den Seinen sichtbar gemacht, daß Gott in sein Reich nicht aufgrund des Geschlechtes beruft, sondern allein nach der Antwort fragt, die ein Mensch, ob Mann oder Frau, auf diese Berufung gibt.«[8]

Gegen den Dienst der Pfarrerinnen wurde und wird noch heute immer wieder der Einwand erhoben, Jesus habe nur Jünger gehabt, keine Jüngerinnen. In den Evangelien liest man's anders: Nicht nur »die Zwölf« und andere Männer wandern mit Jesus durchs Land, hören seine Worte, sehen seine Taten, werden Augenzeugen seines von gottgegebener Vollmacht bestimmten Wirkens, sondern auch Frauen. Namen werden genannt: Maria Magdalena, Johanna, Frau des königlichen Verwalters Chuza, Susanna (Lk 8,1–3), Maria, die Mutter Jakobus' des Kleinen und des Joses, und Salome, »die ihm nachgefolgt waren, als er in Galiläa war, und ihm gedient hatten« (Mk 15,40f.). »Nachfolgen« und »dienen« sind zentrale Begriffe, mit denen Jesus selbst das Jüngersein bestimmt. Die Namen dieser Frauen haben sich dem Gedächtnis der ersten Gemeinde tief eingeprägt, sie standen also in hohem Ansehen; andernfalls hätte man sie in dem halben Jahrhundert, das zwischen dem Auftreten Jesu und der Aufzeichnung der Evangelien liegt, mit Sicherheit vergessen. Einige dieser Frauen begleiteten Jesus auf seinem Leidensweg (die Männer waren alle geflohen), standen unter dem Kreuz bis zum Ende, beobachteten seine Bestattung, waren am Ostermorgen die ersten an seinem Grab, sahen als erste den Auferstandenen und wurden von ihm beauftragt, seinen Jüngern das Geschehene zu verkünden (Mt 28,1–10 par.).

Diese Gemeinschaft von Frauen und Männern in der Nachfolge Jesu ist ein deutliches Vorbild der späteren Gemeinde. Am Pfingsttag ergießt sich der Heilige Geist über Männer und

Frauen, was Petrus als Zeichen für den Anbruch der Endzeit deutet gemäß der prophetischen Ankündigung: »Und es soll geschehen in den letzten Tagen, spricht Gott, da will ich ausgießen von meinem Geist auf alles Fleisch; und eure Söhne und eure Töchter sollen weissagen...« (Joel 3,1–5; Apg 2,16–18). »So wird auch die Mitarbeit der Frau in der Gemeinde weder durch Verfügung der Apostel noch durch den eigenen Wunsch der Frauen entschieden, sondern durch den Heiligen Geist selbst, der den Frauen genau so wie den Männern Gaben und Kräfte schenkt und sie damit in den Dienst stellt.«[9]

Wie aktiv Frauen in den ersten Gemeinden mitarbeiteten, zeigen vor allem die Apostelgeschichte und die Briefe des Paulus.[10] In der langen Grußliste am Ende des Römerbriefs werden viele von ihnen genannt. Paulus betont, wie wichtig sie für die Existenz der jungen Gemeinden seien, und bezeichnet sie ebenso wie die von ihm genannten Männer als seine »Mitarbeiter in Christus Jesus« (16,3), die »in dem Herrn« oder »im Dienst des Herrn« arbeiten (16,12). Für ihre Tätigkeit verwendet er denselben Ausdruck wie für seine eigene. Eine von ihnen, Junia, zählt er sogar zu den »Aposteln« (16,7). In der Apostelgeschichte lernen wir in Priscilla eine Frau kennen, die gemeinsam mit ihrem Mann Aquila in missionarische Aufgaben hineinwächst und ihre Gabe des Lernens in den Dienst des Evangeliums stellt (Apg 18,26ff.; das Ehepaar wird auch in Paulus-Briefen mehrfach mit großer Anerkennung erwähnt). Und wir hören von den Töchtern des Evangelisten Philippus, die die Geistesgabe der Weissagung hatten (Apg 21,8f.).

Daß diese ungewöhnlichen Aktivitäten von Frauen innerhalb der bestehenden sozialen Ordnung Irritationen hervorriefen, lassen die neutestamentlichen Texte ebenfalls erkennen. Schon Petrus hatte in seiner Pfingstpredigt, wie erwähnt, die Geistbegabung von Frauen als Zeichen der anbrechenden Endzeit gedeutet, in der bisher Geltendes nicht mehr gilt. Paulus äußert sich ähnlich: Im neuen Sein »in Christus« sind alle ethnischen, gesellschaftlichen und geschlechtsspezifischen Unterschiede aufgehoben: »Hier ist nicht Jude noch Grieche, hier ist nicht Sklave noch Freier, hier ist nicht Mann noch Frau; denn ihr seid allesamt einer in Christus Jesus« (Gal 3,28). Aber Christen leben in der Spannung zwischen diesem Neuen, das »in Christus« schon da ist, und dem Alten, das von Adam her noch da ist, unter anderem in Gestalt der bestehenden gesellschaftlichen Ordnung.

Zwischen diesem »schon da« des Neuen und dem »noch da« des Alten sucht Paulus die Position der Frau zu bestimmen, über die es in der Gemeinde in Korinth zu Auseinandersetzungen gekommen war. Er verwehrt der Frau nicht, daß sie, vom Geist getrieben, im Gottesdienst das Wort zu Gebet und Weissagung ergreift (1. Kor 11,5). Er spricht sich aber dagegen aus, daß dies unkontrolliert und unter Störung des Gottesdienstes geschieht (14,34f.), als »ungeordnete(s) Dazwischenreden im Sinne des Dazwischenfragens«[11]. Ein generelles Verkündigungsverbot für Frauen läßt sich daraus nicht ableiten. Nach einem geistlichen Amt der Frau wird hier nicht gefragt. Deshalb gibt diese Stelle darauf auch keine Antwort.

Und 1. Kor 11,2–16? Auch hier verbietet Paulus nicht, sondern setzt voraus, daß eine Frau im Gottesdienst das Wort nimmt (»betet oder prophetisch redet«, V. 5). Sie soll dabei aber das Haupt bedecken. So fordert es die geltende Sitte. Die Kopfbedeckung kennzeichnet die (jüdische) Frau als verheiratet und ihrem Mann unterstellt. Frauen in Korinth haben diese Sitte verletzt – weil sie, als Griechinnen, sie nicht kannten oder als Protest gegen die Überordnung der Männer. Solchem Emanzipationsbegehren wehrt Paulus unter Berufung auf 1. Mose 2,18–23 (1. Kor 11,7–9). Aber er fällt sich gleich selbst wieder ins Wort: »In Christus« ist diese alte Ordnung ja aufgehoben (V. 11f.; vgl. Gal 3,28)! Was gilt nun: die alte »Schöpfungs«ordnung oder das neue Sein »in Christus«? Vor dieser Grundsatzfrage standen die ersten Gemeinden immer wieder (und stehen auch wir immer wieder). Im Prinzip war sie entschieden: »Ist jemand in Christus, so ist er eine neue Kreatur; das Alte ist vergangen, siehe, Neues ist geworden« (2. Kor 5,17). Aber in der Alltagspraxis waren Kompromisse nötig. Kriterium für sie ist für Paulus die Rücksichtnahme auf das Empfinden anderer (vgl. 1. Kor 11,16; Röm 14,1; 15,1ff.).[12] – Nach 1. Kor 11 dürfen also Mann und Frau im Gottesdienst beten und prophezeien. Nur gelten für sie verschiedene Schicklichkeitsregeln, die Paulus aus der zu seiner Zeit geltenden Sitte ableitet.

Wichtig für das Verhältnis von Mann und Frau ist Eph 5, 21–33. Zwar wird auch hier wie in 1. Kor 11,7–9 gesagt, der Mann sei das Haupt und die Frau ihm untertan (V. 22f.). Beide Aussagen werden aber neu interpretiert: Die Männer werden (höchst ungewöhnlich in der Antike) aufgefordert, ihre Frauen zu lieben und sich für sie hinzugeben, wie Christus die Gemeinde geliebt und sich für sie hingegeben hat (V. 25ff.). Dieser Vergleich mit Christus macht jedem Herrschaftsanspruch des Mannes ein Ende. »Haupt«sein verwirklicht sich in liebender Selbsthingabe. Darauf antwortet die Frau, indem sie ihren Mann »ehrt« (V. 33), was sie nur kann, wenn sie von unterwürfigem Gehorsam befreit ist und sich deshalb freiwillig unterordnet.[13]

Dies gilt, das muß betont werden, für das Verhältnis von Mann und Frau in der Ehe. Verhaltensregeln für Unverheiratete lassen sich daraus nicht ableiten. Für sie gilt, ebenso wie für Verheiratete, der Grundsatz, der der ganzen »Haustafel« in Eph 5,21 – 6,9 vorangestellt ist: »Ordnet euch einander unter in der Furcht Christi« (V. 21). Sich einander unterordnen können aber nur einander Gleichgestellte. »In der Furcht Christi«, dem respektvoll-dankbaren Annehmen dessen, was Christus für die Seinen getan, und der Gaben, die er ihnen gegeben hat, stehen Mann und Frau auf gleicher Stufe nebeneinander. Ihr »Gegenüber« ist Christus, »aber nie als Ersatz für ein fehlendes menschliches Gegenüber, sondern als der allen menschlichen Mangel wie alle menschliche Bindung gleichermaßen umgreifende Herr. Im Alltag und Beruf aber ist vielfach der verheiratete Mann das ›Gegenüber‹ der unverheirateten Frau! Sie kann, ja sie darf sich ihm nicht unterordnen – ohne daß sie damit etwas täte, was nur seiner Ehefrau zukommt. Sie hat sich ihm vielmehr als gleichwertiger, das heißt auf gleicher Ebene stehender Partner zu erweisen. Liebe und Unterordnung haben hier keinen Raum, sondern nur jene gegenseitige Unterordnung, ... die ihren Grund in der gemeinsamen Furcht vor Christus hat (Eph 5,21).«[14] Auch die Ehelosigkeit gehört zu den Gaben Gottes (vgl. Mt 19,12; 1. Kor 7 u. ö.). Ehe darf nicht »in dem Sinn absolut gesetzt werden, als ob nicht auch der Weg der Ehelosigkeit in vollem und ebenbürtigem Sinn ein Weg des Gehorsams sein könnte«.[15] Auch unfreiwillige, durch die Lebensumstände herbeigeführte Ehelosigkeit kann, wenn sie als Berufung angenommen wird, jederzeit in einen freiwilligen Lebensstand verwandelt werden, der die Frau wie den Mann freistellt für den totalen Einsatz im Dienst des Reiches Gottes.

Erst in der Generation nach Paulus wird der Frau ein striktes Lehrverbot erteilt, in 1. Tim 2,11–15.[16] »Einer Frau gestatte ich nicht, daß sie lehre, auch nicht, daß sie über den Mann Herr sei, sondern sie sei still« (V. 12). Für das Verständnis dieses Abschnitts ist die Kenntnis des historischen Hintergrunds unerläßlich.[17] Die Gemeinden, an die sich dieser Brief richtete, wurden von gnostischen Gruppen beeinflußt, in denen Frauen eine beherrschende Rolle spielten. Sie vertraten offenbar die Ansicht, die Frauen müßten ihre Geschlechtsrolle überwinden, und forderten sexuelle Enthaltsamkeit, Verzicht auf Heirat und Kinder. Dabei beriefen sie sich auf ein angebliches Jesus-Wort: »Ich bin gekommen, die Werke des Weiblichen aufzulösen.«[18] Darauf reagieren V. 11–15, unter Rückgriff auf jüdische Vorstellungen (z. B. Bestreitung der Mitschuld Adams am »Sündenfall«, V. 14). Vor diesem Hintergrund wird auch die ganz unchristliche Vorstellung verständlich, die Frau werde »selig dadurch..., daß sie Kinder zur Welt bringt« (V. 15 a). Nicht die Ablehnung der eigenen Geschlechtlichkeit und ihrer Konsequenzen macht »selig«, sondern ihre Bejahung als Gottes Gabe. V. 15 a will also die Frau von der Forderung entlasten, um eines angeblichen Heilsweges willen ihre Weiblichkeit zu verleugnen. Der ganze Abschnitt korrigiert mithin eine falsche Lehre, stellt aber kein Gesetz auf, das die Rolle der Frau in der Gemeinde für alle Zeiten festschreibt. Auch V. 12 darf nicht verhindern, daß Frauen ihre Gaben in die

Gemeinde einbringen (vgl. 1. Kor 11,5). Bleibend abgelehnt sind für die Gemeinde aber alle Auffassungen, Heilslehren und Rollenbestimmungen, die Frauen daran hindern, Frau zu sein.

Aus diesen exegetischen Untersuchungen geht eindeutig hervor: Sowohl nach dem ursprünglichen Schöpferwillen Gottes wie nach dem in Christus begründeten neuen Sein der an ihn Glaubenden sind Männer und Frauen einander gleichgestellt – als Ebenbilder Gottes und als Zeuginnen und Zeugen seiner den neuen Äon ansagenden Offenbarung. Für die kirchliche Praxis heißt das Gleichstellung der Frau auf allen Ebenen.

Das Theologinnengesetz von 1968 und die Zeit danach

Die Beratungen in der Synode

Nach all diesen vorbereitenden Aktivitäten und nach der Beratung im Ausschuß für Lehre und Kultus und im Rechtsausschuß der Evangelischen Landessynode wurde zweimal im Plenum über das Theologinnengesetz beraten.

Am 8. November 1967 stand die Theologinnenfrage auf der Tagesordnung. Ephorus Dr. Rosenboom aus Dortmund berichtete, wie es der westfälischen Kirche mit den Pastorinnen ergangen ist. Er skizzierte die Geschichte des Theologinnenberufs in der EKD; sie habe ergeben, daß die Gewissensbindung der Theologinnen echt war, denn trotz aller Widerstände habe sie sich nicht unterdrücken lassen. Gezeigt habe diese Geschichte auch, »daß das Leben und Wirken in Gemeinde und Kirche durch den Einsatz der Frauen eine bisher unbekannte Bereicherung erfahren hat«. Die Vielfalt der Ordnungen in der EKD und die verschiedenen Wege zur vollen Anerkennung dieses Amtes spiegelten wider, »daß das Pastorinnenamt in der Tat so etwas wie eine neue geistliche Wirklichkeit darstellt, die sich nur kraft der ihr eigenen Wirkmächtigkeit durchsetzen kann«.[1]

Die Synode war nach den Ausführungen von Dr. Rosenboom spürbar begeistert für das Pfarramt der Frau. Alle in den zurückliegenden Jahren geäußerten Bedenken schienen wie weggefegt. Auch der Personalreferent des Oberkirchenrats, Oberkirchenrat Gottschick, wies zwar in seinem Korreferat auf die Bedenken hin, vertrat aber die Überzeugung, daß die Kirchenleitung für diese Schwierigkeiten Lösungen anbieten könne, nachdem sie von der theologischen Legitimität des Pastorinnenamtes überzeugt sei.

Die Synode diskutierte ausführlich in ihren Gesprächskreisen und im Plenum über diese beiden Vorträge. Sie stimmte dann einem Antrag zu:

»Der Oberkirchenrat wird gebeten, einen Gesetzesentwurf folgenden Inhalts vorzulegen:

1. Die Aufhebung des kirchlichen Gesetzes über den Dienst der Theologinnen vom 10. November 1948.

2. Die Feststellung, daß Männer und Frauen gleichen Zugang zu kirchlichen Ämtern haben.

3. Die notwendigen Anpassungsbestimmungen für andere kirchliche Gesetze nach näherem Vorschlag des Oberkirchenrats.«[2]

Der Oberkirchenrat hat aufgrund dieses Beschlusses im Februar 1968 einen Entwurf für ein »Gesetz über den Dienst der Theologin (Theologinnenordnung)«[3] ausgegeben. Monatelang konnte dieser Entwurf in den Gemeinden erörtert werden. Die Dekanatsämter wurden um eine Stellungnahme aus ihren Gemeinden gebeten.

Die erste Lesung des Theologinnengesetzes fand am 13. November 1968 statt. Ephorus Professor Dr. Friedrich Lang war als Neutestamentler und als Mitglied des Ausschusses für Lehre und Kultus gebeten worden, vor dieser ersten Lesung des Gesetzes ein Referat zu halten über das Thema: »Der Dienst der Frau in der Gemeinde nach dem Zeugnis der Schrift.« Mit seinen biblisch und theologisch begründeten Ausführungen hat Professor Lang für Gemeindeglieder und Theologen, die dem Pietismus verbunden sind, eine Brücke gebaut, damit sie den pfarramtlichen Dienst von uns Theologinnen annehmen können. Zusätzlich hat er Thesen über dieses Thema erarbeitet, und weil diese Thesen im Amtsblatt, zusammen mit dem Gesetzestext, abgedruckt wurden, sei er, nach der (scherzhaften) Bemerkung eines Synodalen, »in den Rang eines schwäbischen Kirchenvaters« gekommen.[4] Sein Vortrag wurde im Beiblatt zu diesem Amtsblatt abgedruckt und allen Kirchengemeinden zugesandt.

Nach dem Referat von Professor Lang trugen die Berichterstatter des Ausschusses für Lehre und Kultus und des Rechtsausschusses ihre in der Sache positiven Stellungnahmen zu dem vorgeschlagenen Gesetz und zu der Art seiner Veröffentlichung vor. Danach erhielten die Gesprächskreise Gelegenheit, sich über die vorgeschlagenen Texte zu besprechen.

Das Gleichstellungsgesetz

Am Freitag, dem 15. November erfolgte die zweite Lesung und eine namentliche Abstimmung. Es waren 43 Ja-Stimmen, 11 Nein-Stimmen und 9 Enthaltungen.[5] Die Synode hat also, obwohl dies gar nicht erforderlich gewesen wäre, diesem Gesetz mit einer Zwei-Drittel-Mehrheit zugestimmt.

»Kirchliches Gesetz über den Dienst der Theologin (Theologinnenordnung)

Vom 15. November 1968

Die Landessynode hat das folgende Kirchliche Gesetz beschlossen, das hiermit verkündet wird:

§ 1

(1) Die Berufung zum Dienst am Evangelium stellt Theologen und Theologinnen in das Amt der öffentlichen Wortverkündigung und Sakramentsverwaltung. Unter der Voraussetzung der erforderlichen wissenschaftlichen Vorbildung und praktischen Ausbildung werden sie durch Dienstverpflichtung und Ordination in den Dienst der Kirche aufgenommen.

(2) Auch im Dienst der Theologin zeigt sich die Vielfalt des Amtes der Verkündigung. Der Dienst der Theologin und der Dienst des Theologen sind gleichwertig. Dienstauftrag und Geschäftsordnung sind davon bestimmt.

§ 2

Auf die Theologinnen finden die für ständige und unständige Pfarrer geltenden Bestimmungen entsprechende Anwendung, soweit dieses Gesetz nichts anderes bestimmt.«

Die Frage, ob mit der Eheschließung das Dienstverhältnis der Theologin endet, wie das in der Theologinnenordnung von 1948 vorgesehen war, wurde in § 5 geregelt:

»(1) Wegen Eheschließung wird das Dienstverhältnis nur beendet, wenn
a) die Theologin dies beantragt oder
b) eine wesentliche Beeinträchtigung ihres Dienstes zu erwarten ist.

(2) Ob die Voraussetzung des Abs. 1 Buchstabe b gegeben ist, entscheidet der Oberkirchenrat. Die Theologin und gegebenenfalls der Kirchengemeinderat sind vorher zu hören.«[6]

Nun wurde auch für die Frau der Weg geöffnet, über den »Zweiten Bildungsweg« ins Pfarramt zu kommen. Und die Abiturientinnen wurden zugelassen, sich um die Freiplätze im Evangelischen Stift in Tübingen zu bewerben. Die im ständigen Dienst der Kirche stehende »Pfarrvikarin« erhielt die Amtsbezeichnung »Pfarrerin«. Sie konnte sich jetzt um ein Gemeindepfarramt bewerben, in das sie durch die Investitur eingeführt wurde.

Am 1. Januar 1978 trat ein neues »Kirchliches Gesetz über das Dienstverhältnis der Pfarrer der Evangelischen Landeskirche in Württemberg« in Kraft, dessen »Bestimmungen sowohl für Pfarrer als auch für Pfarrerinnen« gelten. Gleichzeitig trat das Kirchliche Gesetz über den Dienst der Theologin vom 15. November 1968 außer Kraft.[7] Damit hat unsere Landeskirche sich geöffnet für den Schöpfungsauftrag Gottes, der sich an beide Geschlechter wendet, an Mann und Frau, damit sie sich gegenseitig ergänzen im Dienst für ihn an der Welt.

Wie alles weiterging

Nun konnten wir uns also um ein Gemeindepfarramt bewerben. Aber praktisch geschah zunächst nichts. Für die erste Theologinnengeneration kam diese Möglichkeit zu spät.

Nur Pfarrvikarin Hedwig Ziegler hatte im Jahr 1964 die Möglichkeit bekommen, zusätzlich zu ihrer Arbeit in Nürtingen die im Entstehen begriffene Siedlungsgemeinde Nürtingen-Enzenhart pfarramtlich zu betreuen. Es trifft aber nicht zu, daß sie, wie das Württembergische Pfarrerverzeichnis vermerkt, deshalb 1964 zur Pfarrerin von Enzenhart ernannt worden ist.[8] Sie tat diesen Dienst als Pfarrvikarin. Hatte die Kirchenleitung doch 1964 eine entsprechende Bitte des Theologinnenkonvents abgelehnt (vgl. S. 145). Tatsache ist, daß erst das Theologinnengesetz von 1968 uns die Möglichkeit brachte, als Pfarrerin auf ein Gemeindepfarramt ernannt zu werden. Vorher durfte keine Theologin die Amtsbezeichnung »Pfarrerin« führen. In der Situation, in der wir uns damals befanden, hätte das auch keine gewagt.

Im Jahr 1968 gehörten zum Konvent der evangelischen Theologinnen in Württemberg 72 Theologinnen mit abgelegter Erster bzw. Zweiter theologischer Dienstprüfung. Im Dienst standen 47 Theologinnen, von denen acht verheiratet waren. Von den Verheirateten hatten fünf einen halben und drei einen vollen Dienstauftrag. Von diesen 72 Theologinnen taten 25 keinen Dienst mehr, drei von ihnen waren im Altersruhestand, 22 waren durch ihre Eheschließung ausgeschieden. Die Ehemänner der verheirateten Theologinnen waren mit wenigen Ausnahmen Pfarrer.[9]

1970 wurde als erste Gemeinde Ravensburg-Bavendorf mit einer Theologin besetzt, und 1971 erfolgte in Ludwigsburg, Auferstehungskirche II, die Investitur einer weiteren Theologin in ein Gemeindepfarramt.

Ich hatte schon früh erkannt, daß die theologische und kirchenrechtliche Entwicklung innerhalb unserer schwäbischen Landeskirche sehr viel Zeit benötigt, so daß für mich ein Gemeindepfarramt, das ich mir sehr gewünscht hätte, praktisch nicht in Frage kommt. Diese Erkenntnis hat mich innerlich unabhängig gemacht, weil ich mich für die jüngeren Kolleginnen einsetzen konnte, aber für mich selbst keine Ambitionen in dieser Richtung hatte. Darum habe ich mich mit Tiefenpsychologie und vielerlei Aus- und Fortbildungen in Seelsorge für die Krankenhausseelsorge spezialisiert.

Als nun 1970 der Krankenhauspfarrer von Cannstatt in den Ruhestand ging, bewarb ich mich um diese Stelle. Ich wurde daraufhin zu einem Gespräch zum Oberkirchenrat bestellt. Er bot mir in einer Kleinstadt ein zweites Pfarramt an, womit ein Krankenhauseelsorgeauftrag verbunden war. Man wollte mir also die große Seelsorgeaufgabe in den Cannstatter Krankenhäusern nicht übertragen. Aber ich sollte plötzlich die Aufgaben eines Gemeindepfarramtes übernehmen. Damals war ich 57 Jahre alt. Es blieb mir nichts anderes übrig, als zu erklären, daß ich mich in meinem Alter nicht in der Lage sähe, auch nicht dazu bereit sei, mich in Aufgaben einzuarbeiten, die mir jahrzehntelang verboten gewesen seien. Ich machte den Vorschlag, sofern mir der Krankenhausseelsorgeauftrag nicht erteilt würde, wolle ich weiterhin in dem wenig befriedigenden überparochialen Dienst bleiben, würde aber von der uns Theologinnen gegebenen Möglichkeit Gebrauch machen und schon mit 60 Jahren in den Ruhestand gehen. Als Krankenhauspfarrerin würde ich bis 65 bleiben.

Einige Wochen später wurde mir die Krankenhauspfarrstelle übertragen. Der Oberkirchenrat betonte damals, eine Reform der Krankenhausseelsorge sei nötig. Das war mir aus dem Herzen gesprochen. Arbeitete ich doch seit über 30 Jahren – seit dem Beginn meines Dienstes – nebenamtlich in der Krankenhausseelsorge.

Ehe ich von der Reform der Krankenhausseelsorge berichte, möchte ich noch ein wenig aus der Krankenhausseelsorge während des Dritten Reiches erzählen.

1945 wurde das große Cannstatter Krankenhaus mit seinen verschiedenen Gebäuden von den Amerikanern beschlagnahmt und wird seither als amerikanisches Lazarett benützt. Eines der großen Gebäude wurde nach dem Krieg wieder zurückgegeben, darin befinden sich heute die Medizinische Klinik und die Hautklinik. Die Patienten mit inneren Erkrankungen wurden damals in das katholische Kolpinghaus verlegt und die chirurgischen

Patienten kamen in die Chirurgische Klinik Bad Cannstatt (Friedrich-List-Krankenhaus). Auch dieses Haus diente ursprünglich einem anderen Zweck. Es war ein kirchliches Haus (Wichernhaus) gewesen, in dem Schüler vom Land wohnten, um in der Stadt eine Lehre zu machen. Es wurde bei Kriegsbeginn beschlagnahmt und in eine Chirurgische Klinik umgewandelt. Wenn während des Zweiten Weltkriegs Fliegerangriffe kamen, mußten die Patienten in den Keller gebracht werden. Die Frischoperierten konnte man gar nicht so schnell in den Keller bringen. Darum waren in den Kellerräumen zweistockige Notbetten aufgestellt, in denen die Patienten lagen. Da die Kellerräume nicht ausreichten, hatte man Betten auch entlang der Kellerkorridore aufgestellt. Da lagen sie nun in aller Öffentlichkeit. Über ihnen waren die Wasserrohre, die nicht in die Mauern eingebaut waren – eine beängstigende Situation, in der Ärzte und Schwestern sich in großer Hingabe um die Kranken mühten. Ähnlich war die Situation in allen Krankenhäusern. Die Krankenschwestern waren sehr verschieden. In konfessionellen Krankenhäusern unterstützten sie den Dienst der Krankenhauspfarrer und halfen die Patienten zu finden, die für einen seelsorgerlichen Besuch aufgeschlossen waren. Aber während des Dritten Reiches gab es Schwestern, die der Partei angehörten und den Krankenhauspfarrer nur dann in ein Krankenzimmer ließen, wenn ein Patient ausdrücklich darum gebeten hatte. Noch sehe ich mich vor einer vollbusigen Schwester mit Brille stehen. Ich stellte mich ihr vor, daß ich als »Pfarrgehilfin« – was sie sich dabei wohl gedacht haben mag? – von der evangelischen Kirche komme und die Kranken besuchen möchte. Mit strengem Blick schaute sie mich an und fragte, ob ein Patient meinen Besuch wünsche. Freundlich antwortete ich: »Woher sollen die Patienten wissen, daß eine Theologin der evangelischen Kirche sie besuchen möchte?« – »Ich werde fragen«, war die Antwort. Hoheitsvoll rauschte sie davon. Sie kam wieder und verkündigte: »Niemand wünscht Ihren Besuch!« Es erforderte schon etwas Zivilcourage, daß ich eine Woche später und immer wieder auf diese Station kam. Aber mit der Zeit haben wir uns doch ein wenig miteinander arrangiert. Dies war ein Ausnahmefall. Es gab sehr unterschiedliche Einstellungen der Schwestern und Ärzte zum Dienst der Krankenhausseelsorge. Zeit und viele Gespräche waren nötig, bis sie spürten, daß wir Krankenhauspfarrer ihnen helfen wollen bei ihrem Dienst an den Kranken. Mit der Zeit erwuchs eine sehr gute Zusammenarbeit.

Die letzten Dienstjahre: Reform der Krankenhausseelsorge

Mit einer Reform der Krankenhausseelsorge habe ich an drei Punkten eingesetzt:

- Gesprächsabende für Ärzte und Schwestern in den einzelnen Krankenanstalten,
- Erarbeitung einer Studie: Reform der Krankenhausseelsorge,
- Ausbildung von Seelsorgehelfern und -helferinnen, die auf den Krankenstationen seelsorgerliche Besuche machen.

Gesprächsabende für Ärzte und Schwestern

Als mir 1970 das Krankenhauspfarramt in Stuttgart-Bad Cannstatt übertragen wurde, gab es in der Bundesrepublik (West) über 175 000 Krankenpflegepersonen, darunter 92 714 Krankenschwestern für rund 706 200 Krankenhausbetten in etwa 3600 Krankenhausanstalten, für die 46 550 Krankenhausärzte zur Verfügung standen, so daß auf jeden Arzt im Durchschnitt 15 planmäßige Betten kamen. Gleichzeitig standen im damaligen Bundesgebiet 130 hauptamtliche Krankenhausseelsorger zur Verfügung. Ihr Seelsorgebereich umfaßte zum Teil 600 bis 800, zum Teil 1000 bis 1500 Betten.[1] Wenn ein Arzt, dem mehrere Pflegepersonen zur Seite stehen, 15 Betten betreut, ist ein Seelsorger, dem das Vierzig- bis Hundertfache übertragen wird, total überfordert. Muß man sich da wundern, wenn ein derartiger Dienst von Ärzten und Schwestern im Krankenhaus nicht ernstgenommen, höchstens mit etwas Mitleid oder Kopfschütteln betrachtet wird? Macht die Kirche sich nicht schuldig, wenn sie diese Aufgabe so gering achtet und ihren Krankenhauspfarrern derartiges zumutet?

In dem technisch-naturwissenschaftlichen Milieu des modernen Krankenhauses ist eine offensive Seelsorge nötig. »Seelsorge in der Offensive« erwächst aus der Überzeugung, daß die Seelsorger »etwas für die Gesundheit des Patienten genauso Wichtiges zu vertreten haben wie die Mediziner« (Stollberg).

Es geht um Seelsorge am Patienten und Seelsorge an der Institution Krankenhaus, um Einflußnahme auf die Atmosphäre durch Gespräche mit einzelnen und Gruppen, Patienten, Ärzten, Schwestern und Angestellten. Auch die Krankenhausgottesdienste dienen diesem Ziel.

In den einzelnen Krankenhäusern habe ich Gesprächsabende für Ärzte und Schwestern veranstaltet, in denen über Fragen aus dem Verhältnis Arzt – Patient gesprochen wurde, über die Situation des Patienten im Krankenhaus und über seine Würde als Mensch. Er ist nicht der »Fall«, »der Blinddarm« oder »der Herzinfarkt«. Er ist ein Mensch wie du und ich, eine eigene Persönlichkeit. Das erfordert eine andere Einstellung der Ärzte, eine ganzheitliche, eine psychosomatische Medizin.

Günstig war es, wenn es gelang, daß der Chefarzt des Krankenhauses zusätzlich seine Unterschrift neben die von mir, als Krankenhauspfarrerin, unterzeichnete Einladung setzte. Dann kam er meist selbst und beteiligte sich an der anschließenden Aussprache. Das war gemeinschaftsfördernd für das ganze Krankenhaus.

An diesen Abenden habe ich immer Büchertische aufgestellt, auf denen Sachbücher zu dem behandelten Thema ausgelegt waren. Es war die Zeit, als das Buch von Elisabeth Kübler-Ross »Interviews mit Sterbenden« und ihre anderen Bücher erschienen, die großes Interesse weckten und ein Umdenken in der Medizin bewirkten.

Als der Schichtdienst eingeführt wurde, erwies sich die Zeit abends als ungünstig. Wir verlegten dann diese Veranstaltungen in den frühen Nachmittag, in die Zeit vor dem Schichtwechsel.

Auf meine Bitte hat der Oberkirchenrat diese Arbeit in den Cannstatter Krankenhäusern großzügig unterstützt, indem er mir Geldmittel für die Honorare der von mir berufenen Redner zur Verfügung stellte. Natürlich mußte ich nach jeder Veranstaltung Rechenschaft geben über die verwendeten Geldmittel. Das war mir sehr recht, denn dadurch konnte ich, anknüpfend an das Thema des Abends, über die Situation der Krankenhausseelsorge berichten, Zahlen und Zustände vermitteln.

In unserer Landeskirche war man damals der Meinung, ein Krankenhauspfarramt sei ein ruhiger Posten, eine günstige Gelegenheit für einen älteren Pfarrer, der den Aufgaben in der Gemeinde nicht mehr gewachsen ist. Ich sah das anders, und inzwischen hat sich auch in unserer Landeskirche in diesem Punkt viel geändert. Heute weiß man, daß für einen Krankenhauspfarrer, eine Krankenhauspfarrerin, eine zusätzliche Ausbildung erforderlich ist. Dafür gibt es jetzt auch im Raum unserer Landeskirche verschiedene Möglichkeiten.

In der Krankenhausseelsorge stehen die Sinnfindung des Lebens in gesunden und kranken Tagen durch Hinwendung zu Gott und das Ja-Sagen zu seiner Führung im Vordergrund, die Überwindung der Angst, die Bewältigung der Vergangenheit, die Auseinandersetzung mit dem Tod. Scharfenberg spricht von einer »dialogischen und korrelativen Wegbegleitung, die in der Berücksichtigung der gerade aktuellen Fragestellungen des jeweiligen Entwicklungsstandes die eine Antwort der christlichen Botschaft so auszuformulieren und zu differenzieren vermag, daß sie tatsächlich zu einer Reifungshilfe des Glaubenslebens werden kann«.

Ein Krankenhauspfarrer berichtet: »Nun bin ich müde geworden bei meinem Gang durchs Krankenhaus. Ich möchte heimgehen. Es ist sicher nicht gut, sich regelmäßig über die eigenen seelischen Kräfte hinaus zu verausgaben. Da entwickelt das Herz mit Recht eine steinerne Abwehr, weil es sich nicht hemmungslos aussaugen lassen will. Aber da ist noch einer, dem ich versprochen habe zu kommen. Meine Reaktionen auf ihn geraten ziemlich mechanisch. Ich habe ja gelernt, wie man's macht. Das Gespräch läuft, aber ich bin nicht mehr recht dabei. Ich spüre den aufkommenden Ärger meines ›Gegenübers‹ über diese ›technische Behandlung‹. Sie tut ihm nämlich weh. Da nehme ich den Rest meiner Bereitschaft zusammen, und wir begegnen uns doch noch menschlich für eine kleine Weile. – Es war schon richtig, denke ich, daß ich diesen Pflichtbesuch noch gemacht habe. Aber eines ist mir deutlich: Ein Pflichtbesuch ohne die Bereitschaft, das eigene Herz wenigstens einen Spalt zu öffnen, findet besser nicht statt.«[2]

An diesem Beispiel wird deutlich, daß Blitzbesuche, in denen der Krankenhauspfarrer sein Soll im Auge hat, nicht möglich sind – sie verletzen den Patienten. Vom Wesen der Seelsorge her verbietet sich eine quantitative Seelsorge, die die große Patientenzahl im Blickfeld hat. Wie aber kann bei einem derartigen Dienstauftrag eine qualitative Seelsorge geschehen, die diesen Namen verdient?

Ich habe versucht, schwerpunktartig zu arbeiten. Das bedeutet, daß ich an vielen Türen von Krankenzimmern vorbeigehen mußte, um für einige Patienten wirklich Zeit zu haben. Dazu habe ich die vermittelnde Hilfe der Schwestern gebraucht, die mir Namen nannten. Dazu waren nicht alle Schwestern bereit. Dafür habe ich Verständnis. Selbstverständlich habe ich Patienten, die ich auf dem Gang oder im Aufenthaltsraum getroffen habe, angesprochen. Aber immer war das Wissen eine Last, vielleicht Notwendiges zu versäumen – eine Last, die nur im Gebet zu Gott getragen werden konnte.

Aufgrund der Verweildauer der Patienten in den einzelnen Krankenhäusern habe ich errechnet, daß jährlich rund 15000 Patienten durch die vier Kliniken gingen. Das hat mich veranlaßt, eine Studie »Reform der Krankenhausseelsorge« zu erarbeiten. Das war im Januar 1972, und im August 1972 erschien eine Kurzform dieser Studie in den Evangelischen Kommentaren.[3]

Der Oberkirchenrat hat sehr positiv auf diese Studie reagiert, die ich ihm in einer größeren Anzahl zur Verfügung gestellt hatte. Er berief für die etwa 30 hauptamtlichen Krankenhauspfarrer in Württemberg einen außerordentlichen Studientag ein, an dem über diese Studie, die den einzelnen vorher zugesandt worden war, gesprochen wurde.

Besuchsdienst

In diesem Jahr 1972 habe ich auch angefangen, mit Hilfe der Gemeindepfarrer Frauen und Männer zu suchen, die bereit waren, im Krankenhaus ehrenamtlich seelsorgerliche Besuche zu machen. Eine sehr feine, lebendige, nicht zu große Gruppe von Frauen und Männern kam zusammen. Auch eine oder zwei katholische Frauen waren darunter. Etwa zwei Monate lang haben wir uns an verschiedenen Abenden auf diesen Dienst vorbereitet, auch dadurch, daß wir aus der Literatur tatsächlich geführte Gespräche im Krankenhaus, die nachher aus dem Gedächtnis aufgeschrieben worden waren (alle ohne Namen), miteinander durchsprachen. Natürlich hatte ich zuvor das Einverständnis der Chefärzte einholen müssen, die Bedenken wegen der Schweigepflicht hatten. Ich konnte sie darüber beruhigen, weil ich alle in der Gruppe schriftlich zur Verschwiegenheit verpflichtet hatte.

Jede dieser Besuchsdienst-Frauen und -Männer erhielt nun eine Station zugeteilt. Dort habe ich sie eingeführt, dem Stationsarzt und den Schwestern vorgestellt. Sie erhielten vom Krankenhauspfarramt einen Ausweis, damit sie außerhalb der Besuchszeiten von der jeweiligen Krankenhauspforte eingelassen wurden. Die Kassenpatienten durften in jenen Jahren nur fünfmal in der Woche von 14 bis 16 Uhr und einmal von 18 bis 19 Uhr besucht werden.

Diese Gruppe kam nun einmal im Monat an einem Abend zusammen, wobei Erfahrungen ausgetauscht werden konnten. Aber immer stand ein Thema, über das ich referierte, im Mittelpunkt.

Da ich wußte, daß diese Besuchsdienstleute dienstags oder donnerstags ihre Besuche machten, war ich über viele Monate hin an diesen Tagen abends für sie telefonisch erreichbar, damit sie fragen oder einfach ein wenig abladen konnten, wenn die Begegnung mit Krankheit und Leid schwer gewesen war. Aber es war eine Freude, zu erleben, wie diese Frauen und Männer in diesen Dienst hineinwuchsen, wie ihre Tragkraft zunahm und wie sie selbst Freude bekamen an dieser Aufgabe. Immer wieder konnten sie etwas von eigener Lebenserfahrung und von der Glaubenskraft vermitteln, aus der sie selbst lebten. Und viele Patienten waren dankbar für diesen Dienst, in dem sie erlebten, daß die Kirchengemeinden die Aufforderung Jesu nicht vergessen haben, die Kranken zu besuchen. – Mit Absicht habe ich so ausführlich über diesen Besuchsdienst von Gemeindegliedern berichtet, weil dieser Dienst – neben dem Lektorendienst – eine schöne und wichtige Aufgabe ist für Laien, für Frauen und Männer.

Unsere Landeskirche hat sich für die Belange der Krankenhausseelsorge eingesetzt. In den fünf Jahren, in denen ich als gewähltes Mitglied der ersten Pfarrervertretung unserer Landeskirche angehörte, wurde uns jedes Jahr vom Finanzreferenten des Oberkirchenrates der landeskirchliche Haushaltsplan vorgestellt. Zu meiner Freude ersah ich daraus, daß jährlich einige hauptamtliche Krankenhauspfarrstellen neu geschaffen wurden. Heute umfaßt der Dienstauftrag eines Krankenhauspfarrers etwa 250 Betten.

Zum Beschluß

Ich bin am Ende dessen, worüber ich berichten wollte, aus der Geschichte der schwäbischen Theologinnen. Beschließen möchte ich dieses Buch mit einem Wort von Otto Haendler (1890–1981), Professor der Praktischen Theologie der Berliner Humboldt-Universität. Auch ihm verdanke ich theologisch viel. In seinem Buch »Die Predigt. Tiefenpsychologische Grundlagen und Grundfragen« spricht er von der »›theocentrischen‹ Haltung, die sich ganz von der Gnade abhängig, aber auch ganz in die Gnade gegeben weiß. Neue Wege werden um so eher gefunden, je tiefer man nicht sie sucht, sondern den, der sie gibt. Und sie sind um so gesünder, je mehr sie ›sola fide‹ gewogen, gewagt und gegangen werden.«[4] Mit dieser Haltung habe auch ich versucht, meinen Weg zu finden und zu gehen.

Anmerkungen

Das Erbe der Vorfahren

1 Vgl. vor allem Martin Brecht, Johannes Brenz. Neugestalter von Kirche, Staat und Gesellschaft, Stuttgart 1971;
Heinrich Hermelink, Geschichte der Evangelischen Kirche in Württemberg von der Reformation bis zur Gegenwart, Tübingen 1949;
Hans Martin Maurer und Kuno Ulshöfer, Johannes Brenz und die Reformation in Württemberg, Stuttgart 1974;
Adolf Rentschler, Zur Familiengeschichte des Reformators Johannes Brenz, Tübingen 1921.

2 Sermon von Maria und Martha, in: Johannes Brenz, Frühschriften Bd. 2, hg. von Martin Brecht, Gerhard Schäfer und Frieda Wolf, Tübingen 1974, S. 79ff.; Zitat S. 88f.

3 Brenz bezieht sich in dem in Anm. 2 genannten Sermon vor allem auf die bekannten Stellen Eph 5,22 und 1. Tim 2,13.15, die bis heute dazu dienen, die Unterordnung unter den Mann biblisch-exegetisch zu begründen. Ob das haltbar ist, soll später untersucht werden, s. S. 152ff.

4 Maurer/Ulshöfer, a.a.O., S. 126.

5 Haller Kapitelbuch, zit. bei Maurer/Ulshöfer, a.a.O., S. 93f.

6 Abgebildet in Maurer/Ulshöfer, a.a.O., S. 28.

7 Hermelink, a.a.O., S. 88.

8 Brecht, a.a.O., S. 51.

9 Rentschler, a.a.O., S. 43.

10 Maurer/Ulshöfer, a.a.O., S. 30.

11 Zu Schnepf vgl. Rentschler, a.a.O., S. 46ff.

12 Ebd.

13 So ein zeitgenössischer Bericht, Cod. hist. 2° 278, Bd. 2, S. 1485ff. Dort auch die folgenden Zitate.

14 Beider Geschichte und die der ersten württembergischen evangelischen Mütterschule wurden bisher kaum beschrieben. Deshalb stelle ich sie im folgenden etwas ausführlicher dar.

Theologiestudium im »Dritten Reich«

1 Zitiert in: Evangelischer Erwachsenenkatechismus, Gütersloh 1975, S. 1012.
2 Gerhard Schäfer, Zu erbauen und zu erhalten das rechte Heil der Kirche. Eine Geschichte der Evang. Landeskirche in Württemberg, Stuttgart [5]1991, S. 301.
3 Ebd.
4 Karl Heim, Ich gedenke der vorigen Zeiten, Wuppertal [4]1980, S. 337.
5 A.a.O., S. 196.
6 Zusammen mit der DCSV (Deutsche Christliche Studenten-Vereinigung) war die DCSB ein Teil der weltweiten Christlichen Studentinnen-Bewegung und der Christlichen Studenten-Vereinigung.
7 Begleitband zur Ausstellung »Esslingen 1919–1949 – Von Weimar bis Bonn«, Esslingen 1991, S. 283.
8 A.a.O., S. 475.

Die Situation der Theologinnen bis 1948

1 Amtsblatt Bd. 26, Nr. 5, S. 140, Erlaß Nr. A. 5008.
2 Erika Reichle, Frauenordination, in: Claudia Pint u. a., Frauen auf neuen Wegen. Kennzeichen Bd. 3, Gelnhausen/Berlin 1978, S. 122.
3 Schreiben des Oberkirchenrats vom 22. August 1942 an den Herrn Reichsstatthalter und Reichsverteidigungskommissar im Wehrbereich V Stuttgart.
4 18. Februar 1941, Amtsblatt Bd. 30, Nr. 3, Erlaß Nr. A. 1777.
5 Amtsblatt Bd. 30, Nr. 20, S. 147.
6 Erlaß Nr. A. 9363 vom 8. Dezember 1942.
7 Amtsblatt Bd. 33, Nr. 17, S. 213 ff.

Aus dem kirchlichen Leben in Bad Cannstatt bis zum Ende des Zweiten Weltkriegs

1 »Cannstatt ist durch Jahrhunderte der führende, der ausstrahlende Platz. Stuttgart ist in seinen Anfängen nichts als ein Reflex auf Cannstatt. Hier, im Zentrum, können wir seit dreitausend und mehr Jahren mit aller gebotenen Deutlichkeit Schicht auf Schicht, Kultur auf Kultur, Bevölkerung auf Bevölkerung feststellen. Im Stuttgarter Kessel gibt es für lange Jahrhunderte nur ein paar Streufunde, zufällige Nachrichten, Streiflichter, die eigentlich nur mit Cannstatt zusammengesehen Sinn erhalten.« Hansmartin Decker-Hauff, Ge-

schichte der Stadt Stuttgart, Bd. 1: Von der Frühzeit bis zur Reformation, Stuttgart 1966, S. 4.
2 Peter Lahnstein / Alexander Schwertner, Stuttgart, Stuttgart 1973, S. 25.
3 Vgl. Decker-Hauff, a.a.O., S. 137ff.
4 Decker-Hauff, a.a.O., S. 190f.; Lahnstein / Schwertner, a.a.O., S. 26.
5 Manfred Schmid, 250000 Jahre Cannstatter Geschichte, Stuttgart 1989, S. 7.
6 Heinz Bardua, Stuttgart im Luftkrieg 1939–1945. Veröffentlichungen der Stadt Stuttgart Bd. 25, Stuttgart 1967, S. 16f.
7 Bardua, a.a.O., S. 19.28.
8 A.a.O., S. 22.67.
9 A.a.O., S. 169. – Auch die folgenden Angaben über die Luftangriffe auf Stuttgart und deren Opfer sind der Arbeit von Heinz Bardua entnommen.
10 Bericht des ersten Stadtpfarramts der Lutherkirche in Cannstatt vom 21. 4. 1944 an den Evang. Oberkirchenrat.
11 Bardua, a.a.O., S. 40f.
12 Einen beklemmenden Eindruck vermittelt der Bildband des Fotografen Hannes Kilian, Die Zerstörung. Stuttgart 1944 und danach, Stuttgart 1984.
13 Bardua, a.a.O., S. 235.
14 Zitiert bei Helmut Thielicke, Zu Gast auf einem schönen Stern, Hamburg [2]1984, S. 184.

»Bewähren Sie sich!«

1 Lenore Volz (Hg.), Frauen auf der Kanzel? Stuttgart 1967, S. 58f.
2 Erlaß Nr. A. 2521 vom 26. März 1942.
3 Die Theologin. Rundbrief des Konventes evangelischer Vikarinnen in Deutschland, 20. Jg. (1960/1961), Heft 1/2, S. 34ff.
4 Vgl. Kirchliches Gesetz über den Dienst der Theologinnen vom 10. November 1948, § 13 (2), Amtsblatt Bd. 33, Nr. 17, S. 216.
5 Wolfgang Trillhaas, Ethik, Berlin [2]1965, S. 75.
6 Radius 2/1964, zitiert nach Volz (Hg.), a.a.O., S. 57.

Das Theologinnengesetz von 1948

1 Das Aktenstudium ergibt, daß die württembergische Landeskirche sich bei jedem Schritt in der Theologinnenfrage vorher über die Situation in anderen Landeskirchen informiert hat.

2 O.N./1945/304, Aktennotiz des B. E. (Berichterstatters) E. Sautter vom 19. 12. 1945, betr.: Vikarinnen.
3 Vgl. Erika Reichle, Die Theologin in Württemberg, Bern/Frankfurt/M. 1975, S. 169.
4 Protokolle des 4. Ev. Landeskirchentags 1948, S. 245 ff.
5 A.a.O., S. 257 ff.
6 Vgl. dazu den Exkurs »Theologische Arbeit«, u. S. 152 ff.
7 Volz (Hg.), a.a.O., S. 42.
8 Amtsblatt Bd. 33, Nr. 17, S. 213 ff.

Die weitere Entwicklung bis 1968

1 Volz (Hg.), a.a.O., S. 6.
2 Nr. A 15995/1960/140,1 im Landeskirchlichen Archiv Stuttgart.
3 Nr. A 16621/1962/153 Schreiben des OKR an die Kirchenkanzlei der EKD vom 27. 2. 1962, betr.: Entwurf eines Kirchengesetzes über die Rechtsstellung der Pastorinnen (Pastorinnengesetz) der Hannoverschen Landeskirche.
4 In anderem Zusammenhang habe ich das an kirchlichen Erlassen nachgewiesen; vgl. Lenore Volz, Der Pfarrverein und die Theologinnen, in: Hermann Mittendorf (Hg.), »Gottes gesammelte Stückwerke«. Hundert Jahre Evangelischer Pfarrverein in Württemberg, Stuttgart 1991, S. 113 ff.
5 Zitiert nach Volz (Hg.), Frauen auf der Kanzel, S. 62.

Exkurs: Theologische Arbeit

1 Ich fasse hier den Erkenntnisstand zusammen, den wir 1967 gewinnen konnten; vgl. Volz (Hg.), Frauen auf der Kanzel? S. 7–22 mit Anmerkungen. Seither ist eine Fülle weiterer Arbeiten zu diesem Thema erschienen. Sie haben unsere damals formulierten Einsichten im Grundsatz meist bestätigt, in vielen Einzelheiten auch differenziert. Gefestigt hat sich die Erkenntnis, daß sich der Ausschluß der Frau vom Dienst der Verkündigung und Gemeindeleitung biblisch nicht begründen läßt. Hinter allen für einen solchen Ausschluß vorgebrachten Argumenten lassen sich letztlich psychologische und soziologische Vorstellungen und Vorurteile ausmachen, die zu beseitigen ein Anliegen von uns allen sein sollte.
2 Adolf Schlatter, Hülfe in Bibelnot, Velbert 1926, S. 221, 224, 223.
3 So korrigiert auch die Revision von 1984 den Luthertext. – Vgl. Karl Barth, Kirchliche Dogmatik III/1, S. 331: »Damit der Mensch gut geschaffen sei, bedarf es eines Wesens, das ihm gleich, aber auch

von ihm verschieden sei, in dem er sich selbst wiedererkennen, aber nun doch nicht nur sich selbst wiedererkennen sollte: eines Wesens, das für ihn Du ist, so gewiß er Ich ist, und für das er selbst Du ist, so gewiß es selbst Ich ist. Eben in diesem Modus (des Ich, dem ein Du entspricht; L. V.) wird Gott selbst dem Menschen gegenüberstehen, mit ihm verkehren, für ihn handeln. Eben diesem Modus muß seine, des Menschen, eigene Existenz entsprechen, soll sie für Gott gut, brauchbar, verhandlungsfähig sein... Das geschieht damit, daß er nicht allein bleibt.«

4 Aufgrund dieser Auslegung von 1. Mose 1 und 2 hat die Vollversammlung des Lutherischen Weltbundes schon 1952 in Hannover festgestellt:
»Nicht im Manne allein, auch nicht in der Frau allein, sondern in Mann und Frau zugleich ist der volle ganze Begriff des Menschen enthalten. Zusammen sind sie in vollem Sinne der Mensch, der Gottes Ebenbild ist. Daraus ergeben sich zwei weitere Konsequenzen:
1. Mann und Frau sind Menschen von gleichem Rang und gleicher Würde. Beide sind von Gott geschaffen, beide sind vor Gott verantwortlich, beide haben im Urstand die Freiheit der Entscheidung, beide sind von Gott erwählt zu seinem Partner und Gegenüber.
2. Mann und Frau sind Menschen von unaufhebbar verschiedener Art. Die Bibel kennt nicht den abstrakten Begriff eines Menschen an sich, sondern nur den Menschen als Mann und den Menschen als Frau.«
Die Studiendokumente entfalten dies nach zwei Seiten:
1. »Nur gemeinsam können Mann und Frau ihren Auftrag in der Welt ausrichten« (1. Mose 1,27). 2. »Mann und Frau brauchen einander auch für ihr eigenes Menschsein« (1. Mose 2,18 ff.).
Studiendokumente zur Vollversammlung des Lutherischen Weltbundes, hg. von C. E. Lund-Quist, Hannover 1952, Sektion VI »Frauen in der Kirche«, S. 178–180.

5 Joachim Jeremias, Jerusalem zur Zeit Jesu, Göttingen ^{2}1958, S. 259 f. – Zum folgenden vgl. Volz (Hg.), a.a.O., S. 11 f. mit Anmerkungen.

6 Vgl. Volz (Hg.), a.a.O., S. 10.

7 »Im Reiche Gottes gibt es nur *eine* göttliche Gnade und *eine* göttliche Erwählung für Mann und Frau. Beide sind zum Glauben an den Sohn Gottes gerufen, durch das gleiche Evangelium, das sich an beide wendet. Beide müssen durch dieselbe Umkehr und neue Geburt hindurch, um gerettet zu werden.« Studiendokumente, a.a.O., S. 184.

8 Volz (Hg.), a.a.O., S. 13.

9 Studiendokumente, a.a.O., Sektion VI.

10 Vgl. Else Kähler, Die Frau in den paulinischen Briefen, Zürich 1960.

11 Kähler, a.a.O., S. 4.
12 Andere Beispiele: die Stellung zur Sklaverei (vgl. Philemonbrief) und der Streit um den Verzehr von Götzenopferfleisch (Röm 14–15).
13 »In der Nachbildung des Verhältnisses Jesu Christi darf und soll ihr (der Frau; L. V.) der Mann vorangehen, wie sie ihm in der Nachbildung des Verhaltens der Gemeinde, also der Nachfolge. Wer von beiden wäre im Vollzug dieser Nachbildung nicht vor- und wer wäre nicht auch nachgeordnet?« Karl Barth, KD III/2, S. 195.
14 Kähler, a.a.O., S. 12f.
15 Barth, a.a.O., S. 204f.
16 Die Pastoralbriefe (1. und 2. Timotheus, Titus) stammen wahrscheinlich nicht von Paulus, sondern aus dem Kreis seiner Schüler. Vgl. die Einführung in der Stuttgarter Erklärungsbibel, Stuttgart 1992, S. 1533f.
17 Das Folgende in engem, zum Teil wörtlichem Anschluß an die Erläuterungen der Stuttgarter Erklärungsbibel, a.a.O., S. 1537.
18 Überliefert von Origenes, zit. in: E. Hennecke / W. Schneemelcher, Neutestamentliche Apokryphen, Bd. I, Berlin 1961, S. 109.

Das Theologinnengesetz von 1968

1 Protokolle der 7. Ev. Landessynode 1967, S. 325, 327.
2 A.a.O., S. 344f.
3 A.a.O., S. 589, Beilage 14.
4 A.a.O., S. 603.
5 A.a.O., S. 663.
6 Amtsblatt Bd. 43, Nr. 21, S. 268.
7 Amtsblatt Bd. 47, Nr. 31, S. 542.
8 Verzeichnis evangelischer Pfarrerinnen und Pfarrer in Württemberg, Ausgabe 1977, Vordruckverlag Ungeheuer + Ulmer, Ludwigsburg; ebenso in allen späteren Ausgaben, zuletzt 1992, S. 198.
9 Schreiben von Pfarrvikarin Lenore Volz vom 16. 4. 1968 an den epd.

Krankenhausseelsorge

1 Vgl. Lenore Volz, Stiefkind der Kirche – Seelsorge im Krankenhaus, in: Evangelische Kommentare 8/1972, S. 484ff.
2 Heinrich Bauer, in: Hans-Georg Lubkoll, Brücken zwischen Medizin und Seelsorge, München 1982.
3 Vgl. Anm. 1.
4 Otto Haendler, Die Predigt, Berlin [3]1960, S. 351.

Literatur

Hans Anger, Probleme der deutschen Universität. Bericht über eine Erhebung unter Professoren und Dozenten, Tübingen 1960

Augsburgische Konfession, in: Die Bekenntnisschriften der evangelisch-lutherischen Kirche, hg. vom Deutschen Evangelischen Kirchenausschuß, Berlin 1930 u. ö., bes. Art. VII De ecclesia

Heinz Bardua, Stuttgart im Luftkrieg 1939–1945, Veröffentlichung des Archivs der Stadt Stuttgart, Stuttgart 1967

Helmut Barz, Männersache. Kritischer Beifall für den Feminismus, Stuttgart 1984

Barbara Beuys, Die Pfarrfrau: Kopie oder Original? In: Martin Greiffenhagen (Hg.), Das evangelische Pfarrhaus, Stuttgart 1984, S. 47ff.

Dietrich Bonhoeffer, Schöpfung und Fall, München 1933

Ernest Bornemann, Das Patriarchat – Ursprung und Zukunft unseres Gesellschaftssystems, Fischer-Tb., Frankfurt/M. 1979

Otto Borst, Alltagsleben im Mittelalter, Frankfurt/M. 1983

Christine Bourbeck, »Zusammen« – Beiträge zur Soziologie und Theologie der Geschlechter, Witten 1965

Martin Brecht, Johannes Brenz. Neugestalter von Kirche, Staat und Gesellschaft, Stuttgart 1971

Ders., Kirchenordnung und Kirchenzucht in Württemberg vom 16. bis zum 18. Jahrhundert, Stuttgart 1967

Ders., Martin Luther. Sein Weg zur Reformation 1483–1521, Stuttgart 1981

Johannes Brenz, Frühschriften Teil 2, in: Johannes Brenz, Werke. Eine Studienausgabe, hg. von Martin Brecht, Gerhard Schäfer und Frieda Wolf, Tübingen 1974.

Ingeborg Bruns, Als Vater aus dem Krieg heimkehrte. Töchter erinnern sich, Fischer-Tb. 10300, Frankfurt/M. 1991

Das Buch Gottes. Elf Zugänge zur Bibel, Veröffentlichungen aus der Arnoldshainer Konferenz, Neukirchen 1992

Calwer Verlagsverein (Hg.), Württembergische Kirchengeschichte, Calw 1893

Frank Crüsemann und Hartwig Thyen, Als Mann und Frau geschaffen. Exegetische Studien zur Rolle der Frau, Kennzeichen Bd. 2, Gelnhausen / Berlin / Stein 1978

Hansmartin Decker-Hauff, Die Geschichte der Stadt Stuttgart, Bd. 1: Von der Frühzeit bis zur Reformation, Stuttgart 1966

Luise Döring, Frauenbewegung und christliche Liebestätigkeit, Leipzig 1917
Evangelisches Kirchenlexikon, Bd. 1: A – F, Göttingen 1986
H. Faber und E. van der Schoot, Praktikum des seelsorgerlichen Gesprächs, Göttingen ²1970
Erich Fascher, Der erste Brief des Paulus an die Korinther. Erster Teil: Auslegung der Kapitel 1–7, Berlin 1975
Christine Friebe-Baron, Ferne Schwestern, ihr seid mir nah. Begegnungen mit Frauen aus biblischer Zeit, Stuttgart 1988
Gertrud Fussenegger, Herrscherinnen. Frauen, die Geschichte machten, Stuttgart 1991
Erhard S. Gerstenberger und Wolfgang Schrage, Frau und Mann, Stuttgart 1980
Martin Greiffenhagen (Hg.), Das evangelische Pfarrhaus. Eine Kultur- und Sozialgeschichte, Stuttgart 1984
Otto Haendler, Die Predigt. Tiefenpsychologische Grundlagen und Grundfragen, Berlin ³1960
Ders., Tiefenpsychologie und Seelsorge, hg. von Joachim Scharfenberg und Klaus Winkler, Göttingen 1971
Martin Hasselhorn, Der altwürttembergische Pfarrstand im 18. Jahrhundert. Eine sozialgeschichtliche Studie, Diss. Göttingen 1954
Karl Heim, Ich gedenke der vorigen Zeiten, Wuppertal ⁴1980
Ders., Weltschöpfung und Weltende. Der evangelische Glaube und das Denken der Gegenwart Bd. 6, Hamburg 1952
Maria Heinsius, Mütter der Kirche in deutscher Frühzeit, Potsdam o. J.
Heinrich Hermelink, Geschichte der Evangelischen Kirche in Württemberg von der Reformation bis zur Gegenwart, Tübingen 1949
Karl Heussi, Kompendium der Kirchengeschichte, Tübingen ⁸1933 u. ö.
Hans Jelluschek, Die Kunst, als Paar zu leben, Stuttgart 1992
Else Kähler, Die Frau in den paulinischen Briefen, Zürich 1960
Ernst Käsemann, Exegetische Versuche und Besinnungen I, Göttingen 1960
Verena Kast, Der schöpferische Sprung, dtv 15058, München 1987
Doris Kaufmann, Frauen zwischen Aufbruch und Reaktion, München 1988
Hannes Kilian, Die Zerstörung. Stuttgart 1944 und danach, Berlin 1984 (Bildband mit dokumentarischen Texten)
Kirchliches Gesetz über den Dienst der Theologinnen (Theologinnenordnung 1948), in: Verhandlungen des 4. Evang. Landeskirchentags in den Jahren 1947 bis 1953, Protokolle im Landeskirchlichen Archiv Stuttgart, S. 237 ff.
Adolf Köberle, Das Glaubensvermächtnis der Schwäbischen Väter, Hamburg 1959
Christel Köhle-Hezinger, Frauenarbeit, Frauenhilfe, Mütterschule, Sonderdruck aus der Zeitschrift Esslinger Studien 29, 1990
Elisabeth Kübler-Ross, Interviews mit Sterbenden, Stuttgart 1971

Dies. (Hg.), Reif werden zum Tode, Stuttgart 1974
Walther Küenzlen, Vom Umgang mit schwarzen Schafen. Erlesenes aus alten Kirchenbüchern, Stuttgart 1986
Peter Lahnstein und Alexander Schwertner, Stuttgart, Stuttgart 1973
Friedrich Lang, Die Briefe an die Korinther, NTD 7, Göttingen 1986
Gerda Lerner, Die Entstehung des Patriarchats. Aus dem Englischen von Walmot Möller-Falkenberg, Frankfurt/M. und New York 1991 (die Originalausgabe erschien 1968 in der Oxford University Press unter dem Titel »The Creation of Patriarchy«)
Hans-Martin Linnemann (Hg.), Theologinnen in der Evangelischen Kirche in Westfalen. Drei Erfahrungsberichte, Bielefeld 1990
Magisterbuch der Württ. Evang. Landeskirche, Stuttgart. 42. Folge 1937, 43. Folge 1948, 46. Folge 1966, 47. Folge 1971
Materialien zur Vorbereitung der EKD-Synode 1989 »Gemeinschaft von Frauen und Männern in der Kirche«, hg. von der EKD, Hannover 1989
Hans-Martin Maurer und Kuno Ulshöfer, Johannes Brenz und die Reformation in Württemberg, Stuttgart 1974
Ministerial-Abteilung für die höheren Schulen (Hg.), Auswahl geschichtlicher Tatsachen und Jahreszahlen, Stuttgart 1926
Elisabeth Moltmann-Wendel, Gegenseitigkeit schließt alle Herrschaft aus, in: Evang. Gemeindeblatt für Württemberg 9/1992
Dies., Ein eigener Mensch werden, Gütersloh 1980, v. a. das Kapitel »Frauen um Jesus«
Dies. und Günter Kegel (Hg.), Feministische Theologie im Kreuzfeuer. Der Streit um das Tübinger Gutachten, Gütersloh 1992 (darin u. a. die Resolutionen des Theologinnenkonvents in der Evang. Landeskirche in Württemberg vom 11. 3. 1991 und der Interessengemeinschaft der württembergischen Theologiestudierenden vom 24. 2. 1991)
Peter M. Pflüger (Hg.), Gewalt – warum? Der Mensch: Zerstörer und Gestalter, Olten 1992
Stephan H. Pfürtner, Fundamentalismus. Die Flucht ins Radikale, Freiburg 1991
Claudia Pinl u. a., Frauen auf neuen Wegen. Studien und Problemberichte zur Situation der Frauen in Gesellschaft und Kirche, Kennzeichen Bd. 3, Gelnhausen / Berlin / Stein 1978
Hans-Chr. Piper, Gesprächsanalysen, Göttingen ^{2}1975
Protokolle der 7. Evang. Landessynode in Württemberg 1966–1971, Bd. I und II, hg. von der Württ. Evang. Landessynode, Stuttgart
Gerhard von Rad, Das erste Buch Mose, ATD 2–4, Göttingen ^{12}1987
Julius Rauscher, Württembergische Reformation. Württembergische Kirchengeschichte Bd. 3, hg. vom Calwer Verlagsverein, 1934
Erika Reichle, Die Theologin in Württemberg. Geschichte – Bild – Wirklichkeit eines neuen Frauenberufs, Europäische Hochschulschriften Reihe 23, Bd. 35, Bern / Frankfurt/M. 1975

Adolf Rentschler, Zur Familiengeschichte des Reformators Johannes Brenz, Tübingen 1921
Carl R. Rogers, Partnerschule, Fischer-Tb. 11311, Frankfurt/M. 1992
Gerhard Schäfer, Zu erbauen und zu erhalten das rechte Heil der Kirche. Eine Geschichte der Evang. Landeskirche in Württemberg, Stuttgart ⁵1991
Hans Schär, Das Weibliche in der Bibel – seine anthropologischen und mythologischen Aspekte, in: Wilhelm Bitter (Hg.), Krisis und Zukunft der Frau, Stuttgart 1962
Joachim Scharfenberg, Religion zwischen Wahn und Wirklichkeit, Hamburg 1972
Gerta Scharffenorth und Klaus Thraede, Freunde in Christus werden. Die Beziehung von Mann und Frau als Frage an Theologie und Kirche, Kennzeichen Bd. 1, Gelnhausen / Berlin / Stein 1977
Christine Schaumberger und Monika Maaßen (Hg.), Handbuch Feministische Theologie, Münster ²1988
Manfred Schmid, 250000 Jahre Cannstatter Geschichte, hg. von der Landeshauptstadt Stuttgart, Stuttgart 1989
Emanuel Scholz, Die Frau im Verkündigungs- und Zeugendienst der Gemeinde, Marburg 1964
Luise Schottroff, Wanderprophetinnen. Eine feministische Analyse der Logienquelle, in: Evangelische Theologie 4/1991: Zur neutestamentlichen Theologie, S. 332ff.
Wolfgang Schrage, Ethik des Neuen Testaments, NTD-Ergänzungsband 4, Göttingen ⁵1989
Hans Jürgen Schultz (Hg.), Frauen. Portraits aus zwei Jahrhunderten, Stuttgart 1981
Ders. (Hg.), Psychologie für Nicht-Psychologen, Stuttgart 1974
Otto Schuster, Kirchengeschichte von Stadt und Bezirk Esslingen, Stuttgart 1946
Werner Simpfendörfer, Frauen im ökumenischen Aufbruch. Portraits, Stuttgart 1991
Wolfgang Stegemann, Eine feministisch-theologische Rekonstruktion der christlichen Ursprünge. Rezension von Elisabeth Schüssler-Fiorenza, Zu ihrem Gedächtnis, in: Evangelische Theologie 4/1991, S. 383ff.
Erika Stöffler (Hg.), Initiativen. Lebensbilder evangelischer Frauen, Stuttgart ³1988
Dietrich Stollberg, Seelsorge durch die Gruppe, Göttingen 1971
Ders., Seelsorge praktisch, Göttingen ²1970
Hermann L. Strack und Paul Billerbeck, Kommentar zum Neuen Testament aus Talmud und Midrasch, 6 Bde., München ⁵1965 u. ö.
Madeleine Strub-Jaccoud und Hans Strub (Hg.), Wegzeichen gelebten Evangeliums. Festschrift zum 70. Geburtstag von Marga Bührig, Zürich 1985
Klaus Thraede, Ärger mit der Freiheit. Die Bedeutung von Frauen in

Theorie und Praxis der Alten Kirche, in: Gerta Scharffenorth und Klaus Thraede (Hg), Freunde in Christus werden, Kennzeichen Bd. 1, Gelnhausen / Berlin / Stein 1977

Ders., Art. »Frau« in: Real-Lexikon für Antike und Christentum (RAC), Bd. 8, Sp. 198–269

Lenore Volz (Hg.), Frauen auf der Kanzel? Eine brennende Frage unserer Kirche, Stuttgart 1967

Von Weimar bis Bonn. Esslingen von 1919 bis 1949. Begleitband zur Ausstellung im Alten Rathaus Esslingen vom 15. Mai bis 18. August 1991, Esslingen 1991

Karl Weller, Lehrbuch der Geschichte für die höheren Lehranstalten, Teil III und IV, Frankfurt/M. 1922 und 1923

Ders. und Arnold Weller, Württembergische Geschichte im südwestdeutschen Raum, Stuttgart ^{6}1971

Uwe Wesel, Der Mythos vom Matriarchat, Frankfurt/M. 1980

Claus Westermann, Genesis 1–11, Biblischer Kommentar Altes Testament 1/1, Neukirchen 1974

Günter Wirth, Adolf Deißmann und der Arierparagraph, in: Deutsches Pfarrerblatt 12/1991, S. 508ff.

Christian Wolff, Der erste Brief des Paulus an die Korinther. Zweiter Teil: Auslegung der Kapitel 8–16, Berlin 1982

Hildegunde Wöller, Vom Vater verwundet. Töchter der Bibel, Stuttgart 1991

Gerd Wunder, Die Stellung der Frauen in der Vergangenheit, in: Heimatblätter. Jahrbuch für Schorndorf und Umgebung Bd. 2, Schorndorf 1985

Württembergisches Pfarrerverzeichnis, hg. vom Evang. Pfarrverein in Württemberg, Ausgaben 1988 und 1992